Nueva edición

Compañeros

Curso de español

3

W0381870

Libro del alumno

Francisca Castro Ignacio Rodero Carmen Sardinero

ele
Español Lengua Extranjera

SGEL

NUEVO Compañeros

Un curso de español dirigido a estudiantes de enseñanza secundaria

El currículo de este curso, elaborado por profesores con gran experiencia en la enseñanza de idiomas a jóvenes estudiantes, sigue las recomendaciones metodológicas y los niveles establecidos por el *Marco común europeo de referencia* (MCER). Está estructurado en unidades que siguen una progresión lógica de presentación y práctica de la lengua.

1 PORTADA

Muestra los contenidos que se van a trabajar en la unidad.

2 VOCABULARIO

Se presenta y trabaja el léxico de la unidad, considerando el importante papel que este juega en los estadios del aprendizaje.

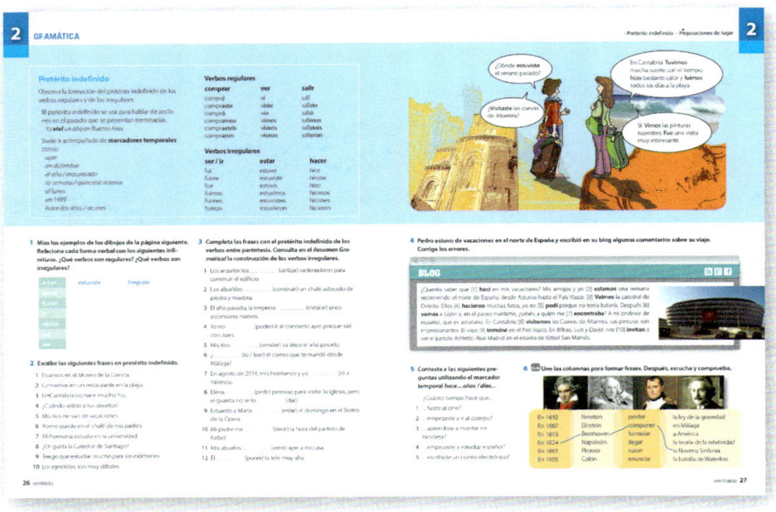

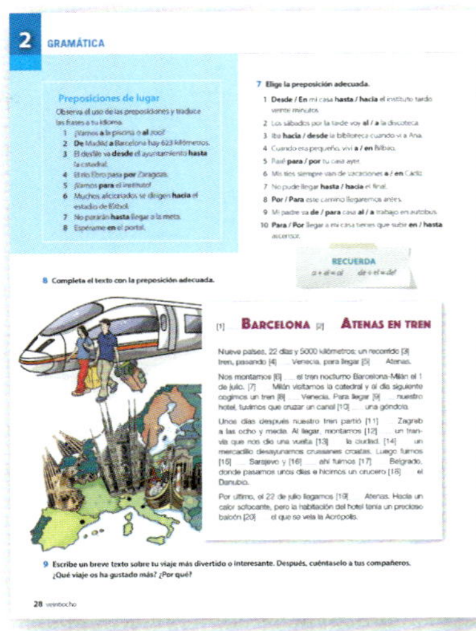

3 GRAMÁTICA

Se presentan y practican nuevas estructuras gramaticales en frases y textos breves.

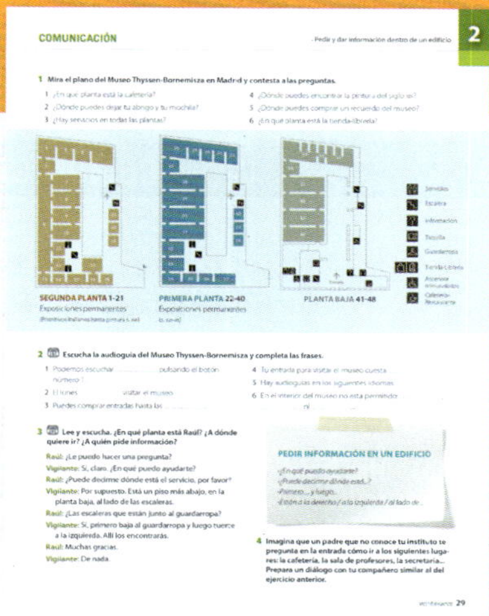

4 COMUNICACIÓN

Ofrece modelos de conversaciones contextualizadas en situaciones cotidianas de los hablantes de estas edades y actividades comunicativas de práctica.

5 COMUNICACIÓN Y VOCABULARIO

Se presenta nuevo léxico relacionado con la unidad y lo integra en actividades de comunicación.

6 DESTREZAS

Integración de contenidos que incluyen las distintas destrezas lingüísticas con textos y actividades variadas.

7 CULTURA

Se presentan textos y actividades como muestra del amplio abanico sociocultural de España y Latinoamérica.

8 EVALUACIÓN

Actividades para revisar los contenidos de gramática, léxico y comunicación aprendidos en la unidad.

AL FINAL DEL LIBRO PODEMOS ENCONTRAR:

- Proyectos
- Resumen gramatical
- Transcripciones

Contenidos

	PUNTO DE PARTIDA		
	VOCABULARIO	GRAMÁTICA	COMUNICACIÓN
PÁG. 7	• Nombres básicos • Adjetivos básicos • Verbos básicos 	• Presente de los verbos regulares e irregulares • Pretérito imperfecto • Pretérito indefinido • Pretérito perfecto	• A mí me gustaría… • Sí, a mí también • ¿Tú qué opinas de…? • ¿Puedes decirme cómo se va a…?

UNIDAD/ PÁG.	VOCABULARIO	GRAMÁTICA	COMUNICACIÓN	COMUNICACIÓN Y VOCABULARIO	DESTREZAS	CULTURA
1 PÁG. 11	**¿Cómo eres?** • Adjetivos de carácter • Test de la amistad	• Oposición *ser / estar* • Pronombres de relativo	• Expresar lo que nos gusta y lo que no nos gusta • Identificar personas	• ¿Cómo eres físicamente?	• Autorretrato de Clara • Mi autorretrato	• Nicanor Parra 
	REFLEXIÓN Y EVALUACIÓN					
2 PÁG. 23	**Lugares** • Edificios • Guggenheim de Bilbao y Palacio de las Artes de Valencia	• Pretérito indefinido • Preposiciones de lugar	• Pedir y dar información dentro de un edificio	• Describir lugares, personas y cosas 	• Edificios emblemáticos en España • Describir monumentos	• Antoni Gaudí 
	REFLEXIÓN Y EVALUACIÓN					
3 PÁG. 35	**Vida sana** • Alimentación y hábitos saludables • La comida basura 	• Pretérito perfecto (verbos regulares e irregulares) • Pretérito indefinido / Pretérito perfecto • Marcadores de frecuencia • Nombres compuestos	• ¿Qué comemos? • Lista de cuantificadores	• Hablar de comida 	• La dura vida del musculitos • Recetas de cocina: gazpacho y huevos rellenos	• La dieta mediterránea 
	REFLEXIÓN Y EVALUACIÓN					
4 PÁG. 47	**De compras** • Ropa, complementos, moda • ¿Qué me pongo?	• Presente de subjuntivo (verbos regulares e irregulares) • Adjetivos descriptivos (concordancia con el nombre)	• Comprar, comprar, comprar… • Hábitos de consumo	• ¡Me voy de compras! 	• Esclavos de la moda • Sección de consultas en una revista	• El flamenco. El traje flamenco. La Feria de Abril de Sevilla 
	REFLEXIÓN Y EVALUACIÓN					
5 PÁG. 59	**Periodismo y actualidad** • Prensa • Secciones del periódico • Periodistas deportivos	• Pretérito imperfecto • Pretérito imperfecto / Pretérito indefinido • Imperativo afirmativo y negativo	• El País de los Estudiantes • Pedir información	• Profesionales de prensa, radio y televisión 	• Cómo convertirse en corresponsal de guerra • Cartas al director • Conectores	• ¿Qué es un bloguero? 
	REFLEXIÓN Y EVALUACIÓN					

UNIDAD/ PÁG.	VOCABULARIO	GRAMÁTICA	COMUNICACIÓN	COMUNICACIÓN Y VOCABULARIO	DESTREZAS	CULTURA
6 PÁG. 71	**¡Nos vamos de concierto!** • Músicos e instrumentos musicales • Mayumana	• Pretérito pluscuamperfecto • Pretérito indefinido / Pretérito pluscuamperfecto • Adverbios de modo	• Gira de Alejandro Sanz 	• Adjetivos positivos y negativos	• *El Rey León*, el musical • Escribe sobre tu grupo favorito	• A los jóvenes españoles les encanta la música 
	REFLEXIÓN Y EVALUACIÓN					
7 PÁG. 83	**¿Qué quieres ser?** • Profesionales y profesiones • Yo quiero ser… 	• *Cuando* + presente de subjuntivo • *Cuando* + indicativo / subjuntivo • Obligación y necesidad (*hay que / tienes que* + infinitivo)	• Anuncios de trabajo • ¿Qué te gustaría ser?	• Sectores profesionales 	• Trabajando con dinosaurios • Carta formal	• Trabajos raros 
	REFLEXIÓN Y EVALUACIÓN					
8 PÁG. 95	**¡Vacaciones de verano!** • Material de playa y montaña • Campamentos de verano	• *Es* + adjetivo + *(que)* + infinitivo / subjuntivo • Uso de la preposición *a*	• La ciudad de Toledo • Hablar de deseos y preferencias	• Planificar un viaje 	• Las Fallas de Valencia • Fiestas tradicionales • Escribir un correo	• El Tren de la Fresa 
	REFLEXIÓN Y EVALUACIÓN					
9 PÁG. 107	**Hecho en España** • Inventos españoles 	• Oraciones finales • Contrarios • Pronombres personales de sujeto y objeto	• Entrevista a Sixeart • Preguntar el porqué	• Palabras derivadas 	• Mortadelo y Filemón • Escribir la reseña de un videojuego o de un cómic	• Inventos de América Latina 
	REFLEXIÓN Y EVALUACIÓN					

Anexo

PÁG. 120 **PROYECTOS - MI PROGRESO**

- **PROYECTO 1:** Es sábado… ¿qué hacemos?
- **PROYECTO 2:** ¿Habías estado alguna vez en el Museo del Prado?
- **PROYECTO 3:** Un cómic

PÁG. 126 **RESUMEN GRAMATICAL**

PÁG. 139 **TRANSCRIPCIONES**

Países que hablan español

Punto de partida

VOCABULARIO

1 Señala la palabra que no pertenece al grupo.

1 calor, niebla, terremoto, lluvia, viento
2 matemáticas, gimnasio, biblioteca, laboratorio, secretaría
3 autobús, tren, metro, puente, avión
4 cansado, dolor, enfermo, enamorado, preocupado
5 simpático, educado, alegre, optimista, pesimista
6 juez, testigo, abogado, asesinato, acusado
7 equipaje, pasaporte, salud, albergue, maleta

2 Completa las frases con el vocabulario del ejercicio 1.

1 Voy a devolver los libros a la ....
2 Mi hermano está ...., tiene fiebre.
3 Solo un .... estaba presente en el momento del asesinato.
4 En Madrid hace mucho .... en verano. La temperatura puede llegar a 40 ºC.
5 Ayer hice mucho deporte y hoy estoy muy ....
6 El .... es el medio de transporte más rápido.

4 Completa las frases con alguno de los siguientes verbos.

ahorrar • apagar • cerrar • tirar • consumir
contaminar • malgastar • proteger • reciclar

1 ¡Apaga la luz! ¡Hay que .... energía!
2 No hay que echar basura al mar para no .... el agua.
3 Tenemos que .... el vidrio y el papel.
4 Debemos .... el grifo mientras nos lavamos los dientes.
5 Es importante .... a los animales en peligro de extinción.
6 No debes .... el agua. Hay sequía.
7 Hay que .... la televisión y el ordenador cuando no estés utilizándolos.
8 Las pilas no se pueden .... a la basura porque son contaminantes.
9 Si quieres cuidar el medioambiente, tienes que .... menos energía.

3 Relaciona las imágenes con las siguientes actividades.

hacer deporte • escuchar música • salir con los amigos • jugar al ajedrez • navegar por internet • ver la tele
bailar • enviar mensajes • quedarse en casa • ir de compras • ir al cine • leer revistas

GRAMÁTICA

▶ PRESENTE

1 Relaciona A, B y C para formar seis frases correctas.

A

María...
¿Tú...
A mis hermanos...
Nacho y yo...
Yo...
¿Juanjo y tú...

B

... les gustan ...
... sales ...
... estáis ...
... vamos ...
... no hablo ...
... se levanta ...

C

... al cine los viernes.
... italiano.
... los juegos de ordenador.
... a las siete todos los días.
... en el mismo equipo?
... con tus amigos de lunes a jueves?

2 Escribe frases con la información de la tabla.

	Yo	Clara	Pedro y José
Ir de compras	✓		✗
Hacer los deberes		✓	
Gustar las verduras	✗	✗	✓
Jugar al baloncesto	✓	✗	✗
Tener muchos amigos		✓	

Yo voy de compras.

▶ PRETÉRITO IMPERFECTO

3 Escribe las formas correspondientes del pretérito imperfecto.

1 ir (yo)
2 ver (tú)
3 comprar (él)
4 escribir (nosotros)
5 visitar (vosotros)
6 hacer (ellos)
7 jugar (yo)
8 ser (tú)
9 abrir (él)
10 tener (nosotros)
11 estar (vosotros)
12 decir (ellos)
13 romper (ella)
14 ducharse (yo)
15 traer (tú)
16 vivir (nosotros)
17 dibujar (ellos)
18 salir (vosotros)
19 leer (yo)
20 levantarse (él)

4 Completa con la forma correcta del verbo entre paréntesis.

Yo antes *dibujaba* muy mal, pero ahora *dibujo* mejor. (dibujar)

1 Mis padres antes .... en Madrid, pero ahora .... en Valencia. (vivir)

2 Mi hermano antes .... los sábados a la discoteca con sus amigos. Ahora .... al cine con su novia. (ir)

3 De pequeños, mis amigos y yo .... muy aficionados al fútbol. Ahora .... más aficionados al baloncesto. (ser)

4 Yo antes .... la compra en las tiendas pequeñas del barrio. Ahora, normalmente, ... la compra en un centro comercial. (hacer)

5 Cuando yo era pequeño, mis abuelos .... a comer todos los domingos a nuestra casa. Ahora solo .... una vez al mes. (venir)

6 Antes María .... muy bien. ¿Qué tal .... ahora? (cantar)

7 Yo antes nunca me ....con Pedro. Ahora me lo .... todos los días. (encontrar)

8 ¡Tú .... muy bien al ajedrez! ¿.......... al ajedrez cuando eras pequeño? (jugar)

9 Tú antes .... muy bien, pero ahora .... mejor. (cocinar)

▶ PRETÉRITO INDEFINIDO

5 Usa el pretérito indefinido de los siguientes verbos para completar la biografía de Marta.

vivir • encontrar • ~~nacer~~ • trasladarse • tener • terminar • conocer • casarse • estudiar • ir

Marta *nació* en Cáceres en 1960. Ella y su hermana [1] ...... al colegio de su barrio. Marta era una niña muy lista y cuando [2] ...... sus estudios de Bachillerato, [3] ...... Medicina en la universidad de Madrid.
Después de terminar la carrera, [4] ...... trabajo en un hospital. Allí [5] ...... a Antonio. Marta y Antonio [6] ...... dos años después. Ellos [7] ...... en Madrid hasta el año 1990, en el que [8] ...... a Barcelona. Allí [9] ...... dos hijos, Patricia y Jorge.

6 Completa las frases con la forma correcta del pretérito imperfecto o pretérito indefinido de los verbos entre paréntesis.

1 Cuando yo la ...... (ver) por primera vez, ella ...... (llevar) un vestido rojo.
2 Ángel ...... (caerse) cuando ...... (ir) a entrenar.
3 Cuando Pedro los ...... (llamar) por teléfono, ellos no ...... (estar) en casa.
4 La comida ...... (estar) muy salada, por eso no nos la ...... (comer).
5 Los chicos se ...... (ir) al parque cuando ...... (acabar) los deberes.
6 Yo ...... (terminar) de trabajar muy tarde, por eso no ...... (poder) ir a tu fiesta.
7 ¿Tú ...... (saber) tocar la guitarra cuando ...... (ser) pequeño?
8 Yo ...... (tener) frío, por eso ...... (cerrar) la ventana.
9 Clara ...... (vivir) en Perú cuando ...... (casarse) con Pedro.
10 ¿...... (estar) vosotros en casa cuando ...... (entrar) el ladrón?

▶ PRETÉRITO PERFECTO

7 Utiliza la forma correcta del pretérito perfecto de los verbos entre paréntesis.

Esta mañana *ha sonado* (sonar) el despertador como todos los días y yo [1] ...... (levantarse) a las 7:30 de la mañana. Mis padres y yo [2] ...... (desayunar) con mis hermanos. Después, mis padres se [3] ...... (ir) a trabajar y mis hermanos y yo [4] ...... (vestirse) para ir a clase. Por el camino nos [5] ...... (encontrar) con Julia y David. Cuando [6] ...... (llegar) todos al instituto, nos [7] ...... (dar) una buena noticia: hoy era el cumpleaños del director y nos [8] ...... (invitar) a un chocolate con churros antes de empezar las clases. [9] ...... (ser) un día diferente.

8 Haz preguntas para las siguientes respuestas con estos interrogativos, como en el ejemplo. Fíjate en las palabras subrayadas.

~~a qué hora~~ • qué • a dónde • quién • cuándo • por qué

¿A qué hora te has levantado?
Me he levantado a las 7:30.

1 Mis padres han desayunado con nosotros.
2 Mis padres se han ido a trabajar.
3 Nos hemos encontrado con Julia y con David cuando íbamos al instituto.
4 El director nos ha invitado porque era su cumpleaños.
5 Todos hemos tomado chocolate con churros.

COMUNICACIÓN

1 Completa los diálogos con las frases siguientes.

a ... tuerce a la derecha y sigue todo recto
b ¿Quieres venir conmigo al partido?
c Yo creo que...
d ¿A ti no te gustaría?
e ¿Qué vas a hacer este fin de semana?
f ¿Sí, dígame?

Paula: A mí me gustaría colaborar con algún grupo ecologista. [1] ....
Guillermo: Sí, a mí también. Me molesta mucho ver todos los días en la televisión cómo se está estropeando la naturaleza y no hacer nada.

Javier: ¿Tu qué opinas de los videojuegos?
Nuria: [2] .... son una buena opción para el tiempo libre porque la mayoría de los juegos de ordenador son divertidos y educativos.

La madre de Andrés: [3] ....
Daniela: ¡Hola, soy Daniela! ¿Está Andrés en casa?
La madre de Andrés: Sí, espera un momento.

Ricardo: ¡Hola, Marcos! Soy Ricardo. [4] ....
Marcos: Bueno... nada en especial. ¿Por qué?
Ricardo: Tengo dos entradas para ver el Real Madrid–Barcelona. [5] ....

Una chica: ¿Puedes decirme cómo se va a la Plaza de España?
Un chico: Sí, está aquí cerca. Sigue todo recto por esta calle y al llegar a la Plaza Mayor, [6] ....

2 **Escribe las preguntas de la siguiente entrevista. Después, escucha y comprueba.**

1 Estudio 3.º de Secundaria.
2 Mis aficiones favoritas son escuchar música y tocar la guitarra.
3 Los fines de semana hago deporte y salgo con mis amigos.
4 No, no mucho. Solo veo programas deportivos o musicales.
5 Mi grupo preferido es Tokio Hotel.
6 No, nunca he salido de mi país. Pero si apruebo este curso, mis padres me llevarán de vacaciones a España.

¿Cómo eres?

1

VOCABULARIO	▶ Adjetivos de carácter ▶ Test de la amistad
GRAMÁTICA	▶ Oposición *ser / estar* ▶ Pronombres de relativo
COMUNICACIÓN	▶ Expresar lo que nos gusta y lo que no nos gusta ▶ Identificar personas
COMUNICACIÓN Y VOCABULARIO	▶ ¿Cómo eres físicamente?
DESTREZAS	▶ Autorretrato de Clara ▶ Mi autorretrato
CULTURA	▶ Nicanor Parra

1 **Clasifica los siguientes adjetivos. Después, escucha y comprueba.**

tacaño/-a • callado/-a • generoso/-a • vago/-a • mentiroso/-a
sincero/-a • estudioso/-a • egoísta • trabajador(a)
tímido/-a • sensible • cariñoso/-a • hablador(a) • serio/-a
frío/-a • simpático/-a • independiente

POSITIVOS	NEGATIVOS
generoso/-a	*tacaño/-a*

2 **¿Qué adjetivos describen a estos personajes?**

1

2

3

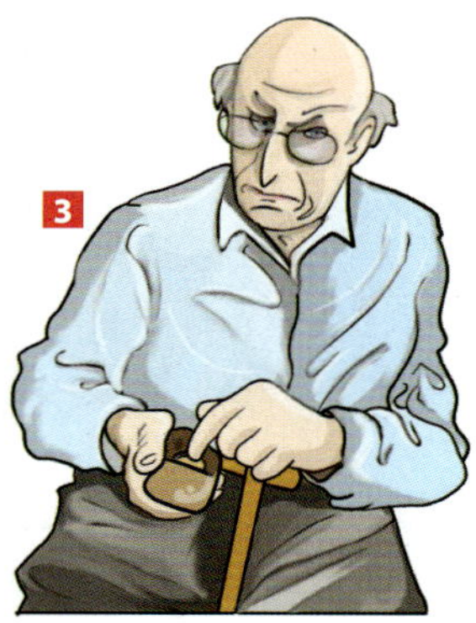

4

3 **Utiliza los adjetivos del ejercicio 1 para completar las frases.**

1 Mi padre es un hombre muy .... No le gusta gastar bromas.
2 Ella siempre dice la verdad. Es una persona muy ....
3 Juan no puede tener la boca cerrada. Es demasiado ....
4 Mercedes nunca me invita a nada. Es una persona ....
5 Su hermano es muy .... Siempre nos está invitando.
6 El novio de Silvia es muy .... Nunca dice una palabra.
7 Mi abuela se emociona con facilidad. Es muy ....
8 Eduardo nunca habla en público porque es muy ....
9 Mi hermano pequeño es un .... Todo lo quiere para él.
10 Valeria saca muy buenas notas porque es muy ....

4 **Relaciona los siguientes adjetivos con las descripciones.**

egoísta • trabajador(a) • independiente • frío/-a • hablador(a)
tímido/-a • generoso/-a • mentiroso/-a • sincero/-a • vago/-a

1 Me gusta hacer las cosas solo. No me gusta pedir ayuda.
2 Paso mucho tiempo trabajando en mi casa.
3 Me gusta hacer regalos a mis amigos en sus cumpleaños.
4 No me gusta trabajar. Prefiero estar tumbado.
5 Algunas veces no digo la verdad.
6 No soy capaz de estar callado.
7 Me da vergüenza dar mi opinión.
8 Siempre digo lo que pienso.
9 No me pongo nervioso cuando tengo problemas.
10 No me gusta compartir mis cosas.

5 **¿Conoces el cuento de «La Cenicienta»? ¿Cómo es el carácter de la madrastra? ¿Y el de sus hermanastras? ¿Cómo es el príncipe? Escribe dos adjetivos para cada uno y luego coméntalo con tu compañero.**

6 **Lee el cuestionario y contesta a las preguntas. Luego compara tus respuestas con las de tu compañero.**

Test de la amistad

¿Cómo eres con tus amigos: generoso, egoísta, cariñoso, frío…? Contesta este cuestionario y sabrás la respuesta.

1 La AMISTAD con mayúsculas es…
a poder confiar en el otro.
b reír juntos.
c saber que nunca estás solo.

2 Estás con un amigo y…
a nunca estáis aburridos.
b a menudo estáis aburridos.
c de vez en cuando estáis aburridos.

3 Un compañero nuevo te invita a salir, ¿cómo reaccionas?
a aceptas con entusiasmo y te lo pasas muy bien.
b buscas una excusa para no salir con él.
c vas con dudas, pero quieres conocer a una persona nueva.

4 Cuando tienes un amigo, tienes un tesoro porque…
a os podéis ayudar mutuamente.
b te hace sentirte seguro de ti mismo.
c te escucha y te comprende.

5 Un amigo te cuenta un secreto y tú…
a «eres una tumba».
b tardas cinco minutos en decírselo a otro amigo.
c quieres contarlo, pero no lo haces.

6 Mis amigos y yo…
a a veces tenemos opiniones diferentes.
b muchas veces no estamos de acuerdo.
c siempre estamos de acuerdo.

7 Lo que más me gusta hacer los fines de semana es…
a estar con mis amigos.
b estar solo.
c estar con mi familia.

VALORACIÓN

Si la mayoría de tus respuestas son a. Eres el amigo perfecto. Sabes mantener una relación equilibrada. ¿Tu secreto? Aceptas a los otros como son. Eres una persona generosa y sincera.

Si la mayoría de tus respuestas son b. Tienes que valorar más a tus amigos. Piensas que la amistad es solo diversión y, a veces, eres un poco frío con ellos.

Si la mayoría de tus respuestas son c. Esperas demasiado de los amigos. Tienes que ser un poco más realista. No seas tímido y confía en ti mismo. Trata de ser más independiente.

1 ¿En qué situación del cuestionario alguien pierde la confianza en un amigo?
2 ¿En qué situación del cuestionario alguien se comporta de forma poco amable?
3 ¿En qué situación del cuestionario alguien se muestra demasiado independiente?

7 **Busca en el cuestionario del ejercicio seis palabras o expresiones que sean:**

1 Lo contrario de **divertido**.
2 Sinónimo de **alegría**.
3 Alguien que nunca cuenta un secreto.
4 Lo contrario de **idealista**.

Oposición *ser / estar*

· Para hablar del carácter de las personas y para describirlas físicamente se utiliza el verbo ***ser***:

***Es** maleducada y antipática. **Es** alta y delgada.*

· Para expresar los estados físicos y de ánimo se utiliza el verbo ***estar***:

· Con el mismo adjetivo, se usa ***estar*** para hablar de algo temporal y ***ser*** para hablar de cualidades permanentes o definitorias:

***Es** un chico muy nervioso; nunca para de moverse.*

1 Elige la opción correcta.

1 Los tenistas españoles **están / son** muy buenos jugadores.
2 **Eres / Estás** muy guapa con el pelo corto.
3 **Está / Es** muy triste porque no puede ir al concierto.
4 No se pone nervioso en los exámenes. **Está / Es** un chico muy tranquilo.
5 Antonio **está / es** muy hablador y nunca escucha lo que le dices.
6 **Estoy / Soy** muy cansada: no he parado en todo el día.
7 A Julio le gusta dormir mucho. **Está / Es** muy perezoso.
8 Javier **está / es** enfermo. Mañana no va a poder jugar el partido.
9 Nunca te diviertes con nada. ¿Por qué **estás / eres** tan aburrido hoy? Tienes libros, juegos, ordenador...
10 ¡Déjame tu diccionario, por favor! No puedes **estar / ser** tan egoísta.

2 En parejas, di a tu compañero cómo eres tú normalmente (personalidad) y en qué situación estás o te muestras distinto. Utiliza estos adjetivos y sus contrarios.

trabajador(a) · hablador(a) · vago/-a · callado/-a · simpático/-a · triste · alegre · nervioso/-a · activo/-a

Normalmente soy tranquilo, pero estoy nervioso cuando tengo exámenes.

Pronombres de relativo

Utilizamos las oraciones de relativo en las definiciones.

Un vegetariano es una persona ***que no come carne****.*

Esta es la playa ***donde nos bañábamos de pequeños****.*

Lucía es una chica ***que no se enfada nunca.***

Una impresora es una máquina ***que sirve para imprimir documentos.***

Una farmacia es un lugar ***donde podemos comprar medicinas.***

3 **¿Qué pronombres de relativo utilizamos para...?**

- personas y cosas
- lugares

4 **Utiliza el pronombre que corresponda para las siguientes definiciones. ¿A qué se refiere cada una de ellas? Relaciónalas con las imágenes.**

1 Es una máquina .... sirve para calcular: *calculadora (F)*
2 Es la habitación .... duermes: ....
3 Es el recipiente .... se pone la leche para los bebés: ....
4 Es una persona .... compone música: ....
5 Es el país .... nació Maradona: ....
6 Es el vehículo .... nos transporta por el aire: ....

5 **Háblanos de ti. Completa las frases con un pronombre relativo.**

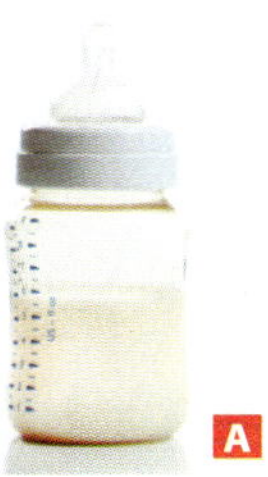

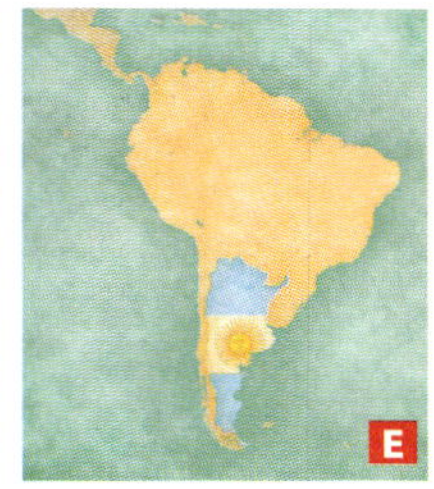

6 **Háblanos de ti. Completa las frases con información personal y utiliza pronombres relativos.**

1 El lugar .... nací es ....
2 El profesor .... me enseñó a leer se llamaba ....
3 El sitio .... normalmente vamos de vacaciones es ....
4 El deporte .... practico es ....
5 Los juegos .... más me gustan son ....
6 El amigo .... más quiero se llama ....
7 .... es el lugar .... me reúno con mis amigos.
8 .... es el grupo de música .... más me gusta.
9 El instituto .... estudio está en ....
10 Todavía conservo la camiseta .... me compré en ....

7 **Une las frases, como en el ejemplo.**

Esta es mi casa. Vivo aquí con mis padres.
Esta es la casa *donde vivo con mis padres.*

1 Nos alojamos en un hotel. El hotel está al lado de la playa.
El hotel...
2 Este es el profesor nuevo. Da clases de matemáticas.
El profesor...
3 Ayer comí una paella. Estaba riquísima.
La paella...
4 Pablo duerme en esta cama. Esta cama es muy cómoda.
La cama...
5 Mis abuelos vivían en una casa muy antigua. Era del siglo pasado.
La casa...
6 Estoy escribiendo un mensaje. Es para mi amigo Carlos.
El mensaje...
7 Este es el último libro de Nicanor Parra. Lo está leyendo Elsa.
El libro...
8 El verano pasado estuvimos en una playa. Es una playa maravillosa.
La playa...
9 Isabel es una diseñadora muy joven. Tiene una marca de ropa deportiva.
La diseñadora...
10 Estudio en la Universidad Autónoma. Es muy grande.
La universidad...

8 **Completa la página del diario de Isabel con los pronombres relativos correspondientes y los siguientes verbos en su forma correcta.**

haber • estar • ser • ~~hacer~~ • dar • tener

Si este año saco buenas notas les voy a pedir .... a mis padres varios regalos:

* ese móvil de última generación *que hace* unas fotos muy buenas.
* una videoconsola como la [1] .... los hermanos de Angélica.
* ir de excursión a final de curso con mis amigos a ese parque acuático [2] .... esas piscinas de olas [3] .... tan divertidas.
* y, además, pasar las vacaciones con mis padres en la playa [4] .... los cursos de vela esos monitores [5] .... siempre tan sonrientes y de buen humor.

9 **El concurso. En grupos de tres, escribid en una tarjeta tres definiciones con pronombre de relativo para una palabra cualquiera: dos definiciones falsas y una verdadera (podéis usar el diccionario si lo necesitáis). Meted todas las tarjetas en una bolsa, el profesor lee las tarjetas y hay que adivinar las definiciones correctas. (No se puede contestar la tarjeta que ha hecho el grupo.) ¿Quién ganará?**

¿QUÉ ES UN ÑANDÚ?

- Es un pájaro parecido al avestruz que vive en Sudamérica. **Correcto**
- Es un mamífero que pone huevos. **Falso**
- Es un mueble donde hay pájaros. **Falso**

1 (3) **Es el primer día de clase. Escucha a Alba y Enrique hablando sobre las cosas que les gustan y no les gustan. Completa las frases.**

1 A Alba le gustan los sitios donde…
2 A Enrique le gustan las playas donde…
3 A Alba no le gusta el norte porque…
4 A Alba le gusta conocer a las personas que…
5 A Enrique le gustan los amigos con los que…

2 Relaciona las dos columnas para formar frases.

1 Me encantan los lugares donde...
2 Me gusta la gente que...
3 No me gusta la gente que...
4 Me molestan las personas que...

a ... se enfada continuamente.
b ... miente.
c ... se puede bailar.
d ... habla poco / mucho.
e ... se puede estar tranquilo.
f ... fuman.
g ... sabe escuchar.
h ... son violentas.

3 (4) **Lee y escucha.**

Miguel: Rosa, ¿conoces a toda la gente que hay en la fiesta?
Rosa: Sí, conozco a la mayoría, ¿por qué?
Miguel: ¿Quién es ese que está bailando con Susana?
Rosa: Es Alberto. Está en la clase de tu hermana.
Miguel: ¿Y quién es esa de la camisa roja?
Rosa: ¿Por qué? ¿Te gusta? Pues es Sandra, la novia de mi compañero Álvaro.
Miguel: ¿Y quién es aquella de los pantalones verdes?
Rosa: Es mi amiga Sara. Si quieres, te la presento.
Miguel: ¿Tiene novio?
Rosa: No, creo que no. Y además le gustan los chicos que son como tú: pesados y preguntones.

IDENTIFICAR PERSONAS

-¿Quién es ese/-a que...?
-¿Quién es ese/-a de...?
-¿Quieres que te la / lo presente?

4 Imagina que estás en una fiesta con un amigo. Prepara un nuevo diálogo para identificar a otras personas.

1 **Coloca estas palabras en la columna correcta.**

calvo • rubio • rizado • moreno • ~~guapo/-a~~ • largo • ~~altura media~~ • grueso/-a • liso • bajo/-a
feo/-a • corto • alto/-a • delgado/-a • ~~bigote~~ • tatuajes • barba • arrugas • fuerte • pelirrojo

Cara	Pelo	Altura y constitución	General
bigote	*calvo*	*altura media*	*guapo/-a*

2 **Ahora, escucha y comprueba. Después, escucha de nuevo y repite.**

3 **Describe físicamente a las personas que aparecen en las fotografías. Compara con tu compañero.**

Marina es alta y delgada. Tiene el pelo castaño y corto. Tiene gafas y además tiene tatuajes en los brazos.

4 **En parejas. A describe a un compañero de clase; B tiene que adivinar a qué persona se refiere. Después, intercambiad los papeles.**

LEER

1 **Lee y escucha a Clara. Después, contesta a las preguntas.**

CONCURSO DE AUTORRETRATOS

Autorretrato de Clara (3.ºA - ESO), seleccionado para la revista del instituto

Me llamo Clara y estudio en el instituto Los Naranjos desde hace tres años. Soy morena y tengo el pelo liso. Mi madre dice que como muy poco y que estoy un poco delgada. Soy la más alta de la clase. Bueno, después de Rubén, que es un poco más alto.

Lo que más destaca de mi personalidad es lo sociable que soy. Me gusta mucho relacionarme con los demás, no solo con mis amigos, con mi familia también. Para mí la amistad es lo más importante en la vida. Después de mis amigos, lo que más me interesa es la música. Me encanta tocar la guitarra. Espero formar un grupo algún día.

También me gusta hacer deporte. Soy muy aficionada al baloncesto. Me gusta jugar y verlo por la televisión. Sobre todo la NBA. Juego en una liga juvenil. Entreno dos días a la semana y jugamos un partido los sábados por la mañana. Después del entrenamiento, me encanta ir con las compañeras del equipo a algún lugar donde hablar tranquilamente sobre nuestras cosas.

Tengo un diario y me gusta mucho escribir todas las noches lo que he hecho durante el día. De mayor quiero ser periodista y viajar por todo el mundo.

1 ¿Cómo es Clara físicamente?
2 ¿Cuál es el adjetivo que define mejor la personalidad de Clara?
3 ¿Además de la amistad, qué otras cosas le interesan?
4 ¿Qué planes tiene para el futuro?
5 ¿Qué actividad realiza varios días a la semana?
6 ¿Qué actividad realiza diariamente?

ESCUCHAR

2 **Escucha ahora el autorretrato de Carlos, de 3.º B, y elige la opción correcta.**

1 Carlos es un chico...
- **a** solitario y tímido.
- **b** responsable y serio.
- **c** hablador y simpático.

2 A Carlos le gusta...
- **a** estudiar y trabajar.
- **b** ver la televisión con sus amigos.
- **c** divertirse con sus amigos y hacer tonterías.

3 Algunas veces le gusta...
- **a** estar solo en casa.
- **b** ir a una pizzería con los amigos.
- **c** acostarse temprano.

4 Piensa que en la vida...
- **a** no se deben tener dos caras.
- **b** el tiempo es muy importante.
- **c** hay tiempo para todo.

5 Lo importante es...
- **a** tener muchos amigos.
- **b** ser uno mismo.
- **c** ser responsable.

HABLAR

3 **En parejas, hazle una entrevista a tu compañero sobre su personalidad:**

- ¿Cómo es?
- ¿Qué le gusta hacer?
- ¿Qué es lo más importante para él en la vida?

ESCRIBIR

4 **Lee la autobiografía de Elena. ¿Con qué cinco adjetivos se define a sí misma?**

Mi autobiografía

Elena Pérez

Nací en Zaragoza el 2 de septiembre de 2003. Tengo los ojos azules. Soy rubia y tengo el pelo liso. No soy ni alta ni baja, se puede decir que tengo una estatura media. Me parezco mucho a mi madre.

Desde los tres años estudio en el colegio Basilio Paraíso, donde tengo la mayor parte de mis amigos.

Soy muy sociable y activa, pero también soy un poco tímida. Quiero mucho a mi familia y mis amigos son muy importantes para mí.

Lo que más me gusta hacer es nadar, escuchar cualquier tipo de música y hablar. No soy muy aficionada al fútbol.

Soy bastante estudiosa y de mayor quiero ser veterinaria o profesora de infantil, pues me encantan los animales y los niños pequeños.

Vivo en Zaragoza capital con mis padres y mi hermana. He viajado a muchos sitios: a Barcelona, a Galicia, a Huesca, a Teruel, a Tarragona... pero nunca he salido de España. También he hecho excursiones con mi colegio, y las que más me gustaron fueron las que duraban más de un día: una en la que fuimos a Teruel tres días a aprender cosas sobre la astronomía y el arte mudéjar, y otra a la nieve que duró cinco días, estuvimos en un albergue y aprendimos a esquiar.

5 **Traduce a tu idioma las siguientes frases y, después, completa la nota con los adverbios de cantidad que faltan.**

1 Soy **muy** sociable.
2 Soy **un poco** tímida.
3 **No** soy **muy** aficionada al fútbol.
4 Soy **bastante** estudiosa.

ADVERBIOS DE CANTIDAD

0% ›››››››››››››››››››››››››››› **100%**

No ... muy [1] .... [2] .... *Muy*

6 **¿Qué opinas? Completa las frases utilizando los adverbios de cantidad anteriores.**

golf / interesante

El golf no es muy interesante.

1 matemáticas / difícil
2 salir con los amigos / divertido
3 las noticias de la televisión / aburrido
4 mis padres / cariñoso
5 estudiar idiomas / importante

7 **Escribe tu autobiografía. No te olvides de contar:**

- ¿Dónde naciste?
- ¿Dónde estudias?
- ¿Cómo eres?
- ¿Qué es lo que más te gusta?
- ¿Qué quieres ser en el futuro?

1 **Lee el poema de Nicanor Parra y contesta a las preguntas.**

Autorretrato

De estatura mediana,
Con una voz ni delgada ni gruesa[1],
Hijo mayor de profesor primario
Y de una modista de trastienda;
Flaco de nacimiento
Aunque devoto[2] de la buena mesa;
De mejillas escuálidas[3]
Y de más bien abundantes orejas;
Con un rostro[4] cuadrado
En que los ojos se abren apenas
Y una nariz de boxeador mulato[5]
Baja a la boca de ídolo azteca
–Todo esto bañado
Por una luz entre irónica y pérfida[6]–
Ni muy listo ni tonto de remate[7]
Fui lo que fui: una mezcla
De vinagre y aceite de comer
¡Un embutido de ángel y bestia!

[1] "gruesa": fuerte, dura.
[2] "devoto": aficionado a algo.
[3] "escuálida": flaca, de poca carne.
[4] "rostro": parte anterior de la cabeza.
[5] "mulato": de color moreno.
[6] "pérfida": infiel, desleal.
[7] "de remate": para intensificar la expresividad de algo despectivo.

1 ¿Cómo es su voz?
2 ¿Le gusta la buena comida?
3 ¿Cómo son sus orejas?
4 ¿Es inteligente?
5 ¿Cómo te lo imaginas?

BIOGRAFÍA

- El poeta Nicanor Parra nació en 1914 en Chillán, Chile. Su padre tocaba el violín y escribía poemas.
- En 1933 se matriculó en la universidad de Santiago de Chile para estudiar Matemáticas y Física. Más tarde trabajó como profesor en esta universidad.
- Recibió el Premio Nacional de Literatura en 1969. Actualmente está considerado como uno de los cinco poetas más notables de Latinoamérica, junto a César Vallejo, Pablo Neruda, Octavio Paz y Pablo Fernández.

2 **Ahora lee la biografía anterior y señala verdadero o falso.**

1 Nicanor Parra es un poeta latinoamericano.
2 Estudió Literatura en la universidad de Santiago de Chile.
3 Recibió el Premio Nobel de Literatura en 1969.
4 Es uno de los poetas más importantes del continente latinoamericano.

3 **Relaciona A y B.**

A	B
1 modista	a aficionado
2 flaco	b mujer que cose ropa
3 devoto	c muy delgadas
4 escuálidas	d bastante delgado
5 mulato	e muy poco
6 apenas	f hijo de una persona blanca y otra negra

Reflexión y evaluación

1 **Lo contrario de generoso es...**
- a tímido
- b insensible
- c tacaño

2 **Siempre aprueba el curso porque es muy...**
- a hablador
- b estudioso
- c callado

3 **Un sinónimo de perezoso es...**
- a vago
- b mentiroso
- c egoísta

4 **Mi hermana Ruth siempre está llorando. Es la más ... de la familia.**
- a trabajadora
- b cariñosa
- c sensible

5 **Le gusta salir solo porque es muy...**
- a frío
- b independiente
- c simpático

6 **Es un niño muy... Nunca cuenta nada.**
- a tacaño
- b sensible
- c callado

7 **No me creo lo que está diciendo. Es un...**
- a generoso
- b mentiroso
- c estudioso

8 **Mi hermana nunca expresa sus sentimientos. Es una persona muy...**
- a fría
- b simpática
- c sincera

9 **Nunca se afeita. Tiene...**
- a tatuajes
- b pelo largo
- c barba

10 **Es el chico más ... de la clase, mide dos metros.**
- a bajo
- b delgado
- c alto

11 **Mi abuela tiene 90 años y tiene muchas...**
- a dolores
- b arrugas
- c recuerdos

12 **Elisa ... una chica muy agradable.**
- a es
- b está
- c eres

13 **¿Vosotros ... preparados para la fiesta?**
- a sois
- b estáis
- c estás

14 **María y Elena ... muy serias e independientes.**
- a están
- b está
- c son

15 **Tú ... enfermo la semana pasada, ¿no?**
- a fuiste
- b estuviste
- c estuvieron

16 **En la fiesta tus amigos ... muy serios y antipáticos.**
- a estuvieron
- b fueron
- c fuisteis

17 **Yo de joven ... muy guapa.**
- a estaba
- b estuvo
- c era

18 **Tus amigos ... muy simpáticos, me caen muy bien.**
- a están
- b son
- c estuvieron

19 **Siempre me haces esperar. Tienes que ... más puntual.**
- a estar
- b ser
- c estás

20 **¿Por qué ... hoy tan distraído? Tú siempre ... una persona muy atenta.**
- a eres / estás
- b estás / estás
- c estás / eres

21 **Esta tarde vamos a ver el partido ... echan en la tele.**
- a donde
- b que
- c Ø

22 **¿Quién es esa chica ... lleva la camisa de rayas?**
- a donde
- b que
- c Ø

23 **Un restaurante es un lugar ... la gente va a comer.**
- a donde
- b que
- c Ø

24 **Este es el colegio ... estudié cuando era pequeño.**
- a donde
- b que
- c Ø

Lugares

2

VOCABULARIO	► Edificios ► Guggenheim de Bilbao y Palacio de las Artes de Valencia
GRAMÁTICA	► Pretérito indefinido ► Preposiciones de lugar
COMUNICACIÓN	► Pedir y dar información dentro de un edificio
COMUNICACIÓN Y VOCABULARIO	► Describir lugares, personas y cosas
DESTREZAS	► Edificios emblemáticos en España ► Describir monumentos
CULTURA	► Antoni Gaudí

1 Fíjate en el dibujo y relaciona las palabras de la tabla con los números del 1 al 12. Después, escucha y comprueba.

TIPOS DE VIVIENDA	PARTES DE UN EDIFICIO	EDIFICIOS PÚBLICOS
piso	portal	catedral
bloque	ascensor	museo
rascacielos	escalera	auditorio
chalé adosado	fachada	ayuntamiento

2 Averigua el significado de las siguientes palabras y colócalas en la columna correspondiente de la tabla del ejercicio 1.

PORTERO AUTOMÁTICO · APARTAMENTO · ÁTICO · PLAZA DE TOROS · TEJADO · CHALÉ INDEPENDIENTE · BALCÓN · ESTADIO DE FÚTBOL · TEATRO DE LA ÓPERA

3 Relaciona las siguientes definiciones con palabras de los ejercicios anteriores.

1 Edificio de viviendas.
2 Edificio destinado a conciertos.
3 Vivienda unifamiliar unida a otra por una pared común.
4 Iglesia principal de una ciudad.
5 Edificio de gran altura.
6 Edificio en el que se guardan obras de arte.
7 Último piso de un edificio.
8 Lugar en el que se celebran espectáculos taurinos.
9 Vivienda independiente en un bloque.
10 Edificio donde se reúne el gobierno de una ciudad.

4 Fíjate en las palabras subrayadas en los textos de la página siguiente y relaciona cada una con estos significados.

1 proximidad
2 superficie plana
3 metal plateado
4 muy moderno
5 que produce admiración
6 parte trasera de un escenario
7 con formas curvas
8 que permite contemplar el paisaje

5 Lee los textos y relaciónalos con la imagen correcta.

A Guggenheim de Bilbao

El Museo Guggenheim de Bilbao, obra del arquitecto estadounidense Frank Gehry, representa un magnífico ejemplo de la arquitectura vanguardista del siglo XX, con 11 000 m^2 dedicados a exposiciones.

El edificio se caracteriza por sus formas retorcidas. Sus curvas de piedra, cristal y titanio fueron diseñadas por ordenador.

El auténtico corazón del museo es su sala central, de unos 50 m de altura, punto de llegada y orientación para el visitante. Las exposiciones están repartidas en tres pisos y en una gran sala para obras de arte de gran tamaño.

Además el museo tiene un auditorio, un restaurante, dos cafeterías y una tienda-librería.

El diseño de Gehry es una estructura espectacular, telón de fondo de la ría de Bilbao.

B Palacio de las Artes de Valencia

El Palacio de las Artes Reina Sofía es un majestuoso edificio diseñado por el arquitecto valenciano Santiago Calatrava.

Es un auditorio con cuatro salas en las que se representan espectáculos de ópera, danza y teatro.

Para subir a las distintas plantas del edificio se utilizan ascensores panorámicos o escaleras mecánicas desde donde apreciamos su cercanía al mar.

El contraste entre el acero y el cristal produce sorprendentes sensaciones al recorrer el edificio.

El Palacio está rodeado por más de 60 000 m^2 de jardines y láminas de agua.

1

2

3

6 Lee los textos de nuevo y contesta a las preguntas.

1 ¿A qué estilo arquitectónico pertenece el Museo Guggenheim de Bilbao?
2 ¿Con qué materiales está construido?
3 ¿Qué puedes encontrar dentro del Museo además de obras de arte?
4 ¿Qué actividades artísticas se celebran en el Palacio de las Artes de Valencia?
5 ¿Qué puedes ver al subir por los ascensores panorámicos?
6 ¿Qué materiales de construcción destacan?

7 (9) Escucha la audición sobre el estadio de fútbol Santiago Bernabéu y contesta a las preguntas.

1 ¿Qué zonas del estadio Santiago Bernabéu se recorren en el tour?
2 ¿Qué días del año no se puede visitar el estadio?
3 ¿En qué año se instalaron los ascensores panorámicos?
4 ¿Dónde suelen hacerse los visitantes más fotografías?
5 ¿En qué idiomas se puede leer la historia del Real Madrid?

Pretérito indefinido

Observa la formación del pretérito indefinido de los verbos regulares y de los irregulares.

- El pretérito indefinido se usa para hablar de acciones en el pasado que se presentan terminadas.
  *Yo **viví** un año en Buenos Aires.*
- Suele ir acompañado de **marcadores temporales** como:
  ayer
  en diciembre
  el año / mes pasado
  la semana / quincena anterior
  el lunes
  en 1999
  hace dos años / un mes

Verbos regulares

comprar	**ver**	**salir**
compr**é**	v**i**	sal**í**
compr**aste**	v**iste**	sal**iste**
compr**ó**	v**io**	sal**ió**
compr**amos**	v**imos**	sal**imos**
compr**asteis**	v**isteis**	sal**isteis**
compr**aron**	v**ieron**	sal**ieron**

Verbos irregulares

ser / ir	**estar**	**hacer**
fui	estuve	hice
fuiste	estuviste	hiciste
fue	estuvo	hizo
fuimos	estuvimos	hicimos
fuisteis	estuvisteis	hicisteis
fueron	estuvieron	hicieron

1 Mira los ejemplos de los dibujos de la página siguiente. Relaciona cada forma verbal con los siguientes infinitivos. ¿Qué verbos son regulares? ¿Qué verbos son irregulares?

estar	*estuviste*	*Irregular*
tener		
hacer		
ir		
visitar		
ver		
ser		

2 Escribe las siguientes frases en pretérito indefinido.

1 Estamos en el Museo de la Ciencia.
2 Comemos en un restaurante en la playa.
3 En Cantabria no hace mucho frío.
4 ¿Cuándo visitas a tus abuelos?
5 Mis tíos no van de vacaciones.
6 Yo me quedo en el chalé de mis padres.
7 Mi hermana estudia en la universidad.
8 ¿Os gusta la Catedral de Santiago?
9 Tengo que estudiar mucho para los exámenes.
10 Los ejercicios son muy difíciles.

3 Completa las frases con el pretérito indefinido de los verbos entre paréntesis. Consulta en el *Resumen Gramatical* la construcción de los verbos irregulares.

1 Los arquitectos utilizaron (utilizar) ordenadores para construir el edificio.
2 Los albañiles Con....... (construir) un chalé adosado de piedra y madera.
3 El año pasado, la empresa .... (instalar) unos ascensores nuevos.
4 Yo no .... (poder) ir al concierto ayer porque salí con Juan.
5 Mis tíos .... (vender) su ático el año pasado.
6 ¿.............. (tú / leer) el correo que te mandé desde Málaga?
7 En agosto de 2014, mis hermanos y yo .... (ir) a Valencia.
8 Elena .... (pedir) permiso para visitar la iglesia, pero el guarda no se lo .... (dar).
9 Eduardo y María .... (estar) el domingo en el Teatro de la Ópera.
10 Mi padre me .... (decir) la hora del partido de fútbol.
11 Mis abuelos .... (venir) ayer a mi casa.
12 Él .... (poner) la tele muy alta.

4 Pedro estuvo de vacaciones en el norte de España y escribió en su blog algunos comentarios sobre su viaje. Corrige los errores.

BLOG

¿Queréis saber que [1] **hací** en mis vacaciones? Mis amigos y yo [2] **estamos** una semana recorriendo el norte de España, desde Asturias hasta el País Vasco. [3] **Veímos** la catedral de Oviedo. Ellos [4] **hacieron** muchas fotos, yo no [5] **podí** porque no tenía batería. Después [6] **vamos** a Gijón y, en el paseo marítimo, ¿sabéis a quién me [7] **encontraba**? A mi profesor de español, que es asturiano. En Cantabria [8] **visitemos** las Cuevas de Altamira, sus pinturas son impresionantes. El viaje [9] **terminé** en el País Vasco. En Bilbao, Luis y David, nos [10] **invitan** a ver el partido Athletic–Real Madrid en el estadio de fútbol San Mamés.

5 Contesta a las siguientes preguntas utilizando el marcador temporal *hace... años / días...*

¿Cuánto tiempo hace que...

1 ... fuiste al cine?
2 ... empezaste a ir al colegio?
3 ... aprendiste a montar en bicicleta?
4 ... empezaste a estudiar español?
5 ... escribiste un correo electrónico?

6 [10] Une las columnas para formar frases. Después, escucha y comprueba.

En 1492	Newton	perder	la ley de la gravedad
En 1687	Einstein	componer	en Málaga
En 1815	Beethoven	formular	a América
En 1824	Napoleón	llegar	la teoría de la relatividad
En 1881	Picasso	nacer	la Novena Sinfonía
En 1905	Colón	enunciar	la batalla de Waterloo

Preposiciones de lugar

Observa el uso de las preposiciones y traduce las frases a tu idioma.

1 ¿Vamos **a** la piscina o **al** zoo?
2 **De** Madrid **a** Barcelona hay 623 kilómetros.
3 El desfile va **desde** el ayuntamiento **hasta** la catedral.
4 El río Ebro pasa **por** Zaragoza.
5 ¡Vamos **para** el instituto!
6 Muchos aficionados se dirigen **hacia** el estadio de fútbol.
7 No pararán **hasta** llegar a la meta.
8 Espérame **en** el portal.

7 Elige la preposición adecuada.

1 **Desde / En** mi casa **hasta / hacia** el instituto tardo veinte minutos.
2 Los sábados por la tarde voy **al / a** la discoteca.
3 Iba **hacia / desde** la biblioteca cuando vi a Ana.
4 Cuando era pequeño, viví **a / en** Bilbao.
5 Pasé **para / por** tu casa ayer.
6 Mis tíos siempre van de vacaciones **a / en** Cádiz.
7 No pude llegar **hasta / hacia** el final.
8 **Por / Para** este camino llegaremos antes.
9 Mi padre va **de / para** casa **al / a** trabajo en autobús.
10 **Para / Por** llegar a mi casa tienes que subir **en / hasta** ascensor.

RECUERDA

a + el = al *de + el = del*

8 Completa el texto con la preposición adecuada.

[1] ...... BARCELONA [2] ...... ATENAS EN TREN

Nueve países, 22 días y 5000 kilómetros; un recorrido [3] ...... tren, pasando [4] ...... Venecia, para llegar [5] ...... Atenas.

Nos montamos [6] ...... el tren nocturno Barcelona-Milán el 1 de julio. [7] ...... Milán visitamos la catedral y al día siguiente cogimos un tren [8] ...... Venecia. Para llegar [9] ...... nuestro hotel, tuvimos que cruzar un canal [10] ...... una góndola.

Unos días después nuestro tren partió [11] ...... Zagreb a las ocho y media. Al llegar, montamos [12] ...... un tranvía que nos dio una vuelta [13] ...... la ciudad. [14] ...... un mercadillo desayunamos cruasanes croatas. Luego fuimos [15] ...... Sarajevo y [16] ...... ahí fuimos [17] ...... Belgrado, donde pasamos unos días e hicimos un crucero [18] ...... el Danubio.

Por último, el 22 de julio llegamos [19] ...... Atenas. Hacía un calor sofocante, pero la habitación del hotel tenía un precioso balcón [20] ...... el que se veía la Acrópolis.

9 Escribe un breve texto sobre tu viaje más divertido o interesante. Después, cuéntaselo a tus compañeros. ¿Qué viaje os ha gustado más? ¿Por qué?

1 **Mira el plano del Museo Thyssen-Bornemisza en Madrid y contesta a las preguntas.**

1 ¿En qué planta está la cafetería?
2 ¿Dónde puedes dejar tu abrigo y tu mochila?
3 ¿Hay servicios en todas las plantas?
4 ¿Dónde puedes encontrar la pintura del siglo XIX?
5 ¿Dónde puedes comprar un recuerdo del museo?
6 ¿En qué planta está la tienda-librería?

SEGUNDA PLANTA 1-21
Exposiciones permanentes
(Primitivos italianos hasta pintura s. XVII)

PRIMERA PLANTA 22-40
Exposiciones permanentes
(s. XVII-XX)

PLANTA BAJA 41-48

2 **Escucha la audioguía del Museo Thyssen-Bornemisza y completa las frases.**

1 Podemos escuchar .... pulsando el botón número 1.
2 El lunes .... visitar el museo.
3 Puedes comprar entradas hasta las ....
4 Tu entrada para visitar el museo cuesta ....
5 Hay audioguías en los siguientes idiomas: ....
6 En el interior del museo no está permitido: ...., ... ni ....

3 **Lee y escucha. ¿En qué planta está Raúl? ¿A dónde quiere ir? ¿A quién pide información?**

Raúl: ¿Le puedo hacer una pregunta?
Vigilante: Sí, claro. ¿En qué puedo ayudarte?
Raúl: ¿Puede decirme dónde está el servicio, por favor?
Vigilante: Por supuesto. Está un piso más abajo, en la planta baja, al lado de las escaleras.
Raúl: ¿Las escaleras que están junto al guardarropa?
Vigilante: Sí, primero baja al guardarropa y luego tuerce a la izquierda. Allí los encontrarás.
Raúl: Muchas gracias.
Vigilante: De nada.

PEDIR INFORMACIÓN EN UN EDIFICIO

-¿En qué puedo ayudarte?
-¿Puede decirme dónde está...?
-Primero ... y luego...
-Están a la derecha / a la izquierda / al lado de...

4 **Imagina que un padre que no conoce tu instituto te pregunta en la entrada cómo ir a los siguientes lugares: la cafetería, la sala de profesores, la secretaría... Prepara un diálogo con tu compañero similar al del ejercicio anterior.**

1 **Lee las frases de la derecha y relaciónalas con las siguientes imágenes.**

a

b

c

d

e

f

g

h

i

j

1 El perro de mi hermana casi no se puede ver. Es **diminuto**.
2 Ese árbol no está derecho. Está un poco **torcido**.
3 Lleva una ropa muy rara. Su aspecto es un poco **extraño**.
4 Este cuadro lo conoce casi todo el mundo. Es muy **conocido**.
5 Nunca he visto una casa tan grande. Es **enorme**.
6 Este es el último modelo de esta marca de coches. Es muy **moderno**.
7 Nunca discute. Es una persona muy **pacífica**.
8 Había tanto tráfico que el ruido era **ensordecedor**.
9 Las vistas desde nuestra ventana, no solo eran bonitas, eran **preciosas**.
10 Estos muebles son del siglo XVIII. Son muy **antiguos**.

2 13 **Relaciona los siguientes adjetivos con sus sinónimos marcados en azul del ejercicio anterior. Después, escucha y comprueba.**

inclinado/-a • muy grande • innovador(a)
muy pequeño/-a • raro/-a • famoso/-a • tranquilo/-a
ruidoso/-a • bonito/-a • viejo/-a

3 **Escribe lugares de tu ciudad o de tu país que sean: tranquilos, ruidosos, preciosos, modernos, antiguos y enormes.**

4 **Dile a tu compañero qué lugares has elegido y pregúntale qué adjetivos utilizaría para cada lugar.**

- *¿La catedral?*
- *Muy antigua y enorme.*
- *Además es preciosa.*

5 **Habla con tu compañero sobre los siguientes temas. Utiliza adjetivos del ejercicio 1.**

PELÍCULAS QUE HAS VISTO
LUGARES DONDE HAS IDO DE VACACIONES
LIBROS QUE HAS LEÍDO
PÁGINAS WEB QUE HAS VISITADO
APLICACIONES QUE TE HAS BAJADO PARA TU MÓVIL

- *El tema de la última película de* La guerra de las galaxias *es un poco extraño.*
- *Yo la vi la semana pasada y me pareció muy innovadora.*

LEER

1 (14) Elige la respuesta adecuada. Después, escucha y comprueba.

Edificios emblemáticos en España

1 Las dos torres que forman la Puerta de Europa en Madrid, también conocidas como las Torres Kio, son dos torres inclinadas. Tienen una altura de:

A 114 metros **B** 260 metros

2 El general romano Agripa mandó construir el Teatro de Mérida en el año 16 antes de Cristo. En la actualidad, más de 50 000 espectadores acuden todos los veranos a este teatro para presenciar el:

A Festival de Música Clásica de Mérida

B Festival de Teatro Clásico de Mérida

3 La Giralda es el nombre que recibe el campanario de la Catedral de Santa María, de la ciudad de Sevilla. Es un edificio de finales del siglo XII construido por:

A los árabes **B** los cristianos

4 El Hotel Marqués de Riscal, diseñado por el arquitecto Frank Gehry, es su segunda obra maestra en España, después del Museo Guggenheim de Bilbao. Está situado en la Comunidad Autónoma de:

A el País Vasco **B** La Rioja

5 El Alcázar de Segovia es una fortaleza construida en el siglo XII en la que vivieron los reyes de Castilla durante la Edad Media. En la actualidad es:

A una prisión **B** un museo

1

2

3

4

5

ESCUCHAR

2 (14) Escucha de nuevo y contesta a las preguntas.

1 ¿Cuántas plantas tienen las Torres Kio?
2 ¿Cuántos espectadores acuden cada año al Festival de Mérida?
3 ¿Cuántos metros de altura tiene la Giralda?
4 ¿Por qué es famosa La Rioja?
5 ¿En qué siglo fue una prisión el Alcázar de Segovia?

HABLAR

3 **Elige tres edificios famosos de tu país. Prepara preguntas para hacérselas a tu compañero.**

ESCRIBIR

4 **Lee el texto y colócale el título a cada uno de los párrafos.**

Opinión personal • Información general • Descripción

La Sagrada Familia

A __

El templo de la Sagrada Familia es el monumento más famoso y característico de Barcelona. Es un enorme templo católico diseñado por el arquitecto catalán Antonio Gaudí. Su construcción se inició en 1882 y todavía no está finalizada.

B __

Su arquitectura es moderna y sorprendente. El estilo de la construcción cambia de la parte antigua a la nueva del monumento. Una de sus ideas más innovadoras fue el diseño de sus elevadas torres en forma cónica. El templo está diseñado para tener 18 torres. Cuando Gaudí murió solo había una torre. Del proyecto original solo se conservan los planos y una maqueta. La Sagrada Familia es Patrimonio de la Humanidad desde el año 2005.

C __

Es un templo conocido internacionalmente, al que acuden miles de turistas todos los días. A mí me gusta mucho la Sagrada Familia porque es un edificio muy diferente a todos los que he visto.

(Adaptación Wikipedia.org)

5 **Sustituye las palabras subrayadas del primer recuadro por los sinónimos del segundo.**

1 gran templo católico
2 ideas innovadoras
3 elevadas torres
4 se conserva la maqueta
5 es muy diferente

a novedosas
b totalmente distinta
c altas
d iglesia
e modelo en miniatura

6 **Relaciona los siguientes adjetivos con sus antónimos.**

1 moderno	a popular
2 muy grande	b común
3 extraño	c antiguo
4 nuevo	d diminuto
5 diferente	e viejo

7 **Escribe la descripción de un monumento o edificio. No te olvides de incluir en tu descripción:**

- ¿Dónde está?
- ¿De qué época es?
- ¿Quién lo construyó o mandó construir?
- ¿Cómo es?
- ¿Qué opinas sobre él?

Antoni Gaudí

Gaudí nació en 1852 en un pueblo cerca de Tarragona. Estudió Arquitectura en Barcelona y para pagarse la carrera, Gaudí trabajó como delineante.

Su primer encargo importante fue la construcción de la Casa Vicens, en Barcelona. A partir de entonces se hizo famoso y le hicieron numerosos encargos. En 1882 empezó el proyecto de la Sagrada Familia. A lo largo de su carrera recibió muchos premios, principalmente en Cataluña, donde realizó la mayor parte de su obra. Desde 1914 se dedicó por completo al trabajo de la Sagrada Familia, donde instaló su taller y vivió hasta su muerte.

El día 7 de junio de 1926, al cruzar una calle en Barcelona, un tranvía lo atropelló. Murió tres días después. Lo enterraron en una capilla de la Sagrada Familia.

La UNESCO declaró en 1984 y 2005 algunas de las obras de Gaudí Patrimonio de la Humanidad. En Barcelona podemos visitar algunas de ellas, como el Parque Güell, la Casa Batlló, la Casa Milá (también conocida como la Pedrera)... Su casa en el Parque Güell es, desde 1963, un museo que visitan miles de personas todos los años.

1 (15) **Lee y escucha la biografía del arquitecto Antoni Gaudí. Después, contesta a las preguntas.**

1 ¿Dónde nació Gaudí?
2 ¿Qué estudió en Barcelona?
3 ¿Cómo consiguió dinero para sus estudios?
4 ¿Cuál fue su primer trabajo importante?
5 ¿Qué le dieron a lo largo de su carrera?
6 ¿Dónde vivió al final de su vida?
7 ¿Cómo murió?
8 ¿Dónde lo enterraron?
9 ¿Dónde construyó la mayor parte de su obra?

2 **¿Te gustan las obras de Gaudí? ¿Por qué? Coméntalo con tus compañeros.**

La Pedrera

Casa Vicens

Casa Batlló

Reflexión y evaluación

1 **Piso en la última planta de un edificio.**

a apartamento
b chalé
c ático

2 **Vivienda unifamiliar.**

a chalé
b piso
c rascacielos

3 **Edificio de viviendas de varias plantas.**

a apartamento
b bloque
c ático

4 **Zona de entrada a un bloque de viviendas.**

a balcón
b ascensor
c portal

5 **Parte de una vivienda que la protege de la lluvia.**

a tejado
b portal
c escalera

6 **¿... tú el domingo en el campo de fútbol viendo el partido?**

a Estuvo
b Estuviste
c Estuve

7 **El año pasado mis amigos y yo ... a los Pirineos.**

a fueron
b vamos
c fuimos

8 **Ángel ... de vacaciones la semana pasada de Argentina.**

a volvió
b acabó
c cogió

9 **Mis compañeros ... la maqueta ayer.**

a terminan
b terminaron
c termináis

10 **Elena ... en vacaciones la Giralda de Sevilla.**

a visité
b visitaste
c visitó

11 **Luis ... un ruido extraño en la escalera.**

a oíste
b oyó
c oyeron

12 **Nacho y Carlos ... en un restaurante durante las vacaciones.**

a trabajó
b trabajasteis
c trabajaron

13 **Hicimos un recorrido ... Santander ... Bilbao.**

a desde / por
b de / a
c de / en

14 **Los ciclistas vinieron ... la carretera.**

a por
b en
c con

15 **Subimos ... lo más alto del rascacielos.**

a en
b por
c hasta

16 **La semana pasada fuimos ... una corrida de toros.**

a hacia
b a
c en

17 **... Madrid ... París hay más de mil kilómetros.**

a Desde / hasta
b A / por
c En / de

18 **¿Puede ... dónde está el guardarropa, por favor?**

a contarme
b decirme
c hablarme

19 **Los servicios están en la ... baja.**

a piso
b escalera
c planta

20 **... baja la escalera y ... tuerce a la izquierda.**

a Luego / primero
b Primero / luego
c Después / entonces

21 **El cuadro era ..., no cabía en la pared.**

a diminuto
b enorme
c pequeño

22 **Es una calle muy ...: es peatonal, no pasan coches.**

a ruidosa
b preciosa
c tranquila

23 **El museo Guggenheim tiene un diseño...**

a antiguo
b innovador
c ensordecedor

24 **Los muebles de la casa de mis abuelos son...**

a antiguos
b torcidos
c pacíficos

Vida sana

3

VOCABULARIO ▸ Alimentación y hábitos saludables ▸ La comida basura

GRAMÁTICA ▸ Pretérito perfecto ▸ Pretérito indefinido / Pretérito perfecto ▸ Marcadores de frecuencia ▸ Nombres compuestos

COMUNICACIÓN ▸ ¿Qué comemos? ▸ Lista de cuantificadores

COMUNICACIÓN Y VOCABULARIO ▸ Hablar de comida

DESTREZAS ▸ La dura vida del musculitos ▸ Recetas de cocina: gazpacho y huevos rellenos

CULTURA ▸ La dieta mediterránea

1 **Relaciona el siguiente vocabulario con las imágenes.**

frutas • dulces • pan • cereales • pasta • pescado • productos lácteos • verduras • carne

2 **Clasifica los siguientes alimentos. Algunos pueden estar en dos o más apartados.**

arroz • aceite • fruta • pasta • carne • pescado • huevos
leche • patatas • legumbres • cereales • verduras

vitaminas	
hidratos de carbono	
grasas	
proteínas	

3 16 **Compara tu tabla con la de tu compañero. Después, escucha y comprueba tus respuestas.**

- *¿Los huevos tienen vitaminas?*
- *Sí, pero tienen más proteínas.*

4 17 **De las siguientes actividades, ¿cuáles son buenas y cuáles malas para tener una vida sana? Clasifícalas en dos grupos. Después, escucha y comprueba.**

dormir poco • comer frutas y verduras
montar en bici • ver la tele muchas horas
dormir ocho horas diarias • no hacer ejercicio
comer muchos dulces • nadar

Para llevar una vida sana

es bueno...	no es bueno...

5 18 **Escucha a Rocío, Roberto y Lucía hablando sobre su forma de vida y contesta a las preguntas.**

1 ¿Cuál es la comida que más le gusta a Rocío?
2 ¿Qué deportes practica?
3 ¿Cuál es la comida que más le gusta a Roberto?
4 ¿Cuál es su actividad favorita?
5 ¿Qué tipo de alimentación lleva Lucía?
6 ¿Qué quiere ser en el futuro?

6 19 **Lee y escucha. Después contesta las preguntas.**

LA COMIDA BASURA

El consumo de la llamada comida basura (alimentos que contienen una gran cantidad de grasas, sal o azúcar y aditivos químicos) ha aumentado espectacularmente en la última década en los países desarrollados.

CAUSAS

Hay varias causas para explicar el aumento del consumo de la comida basura.
En primer lugar, en los últimos años, los productos frescos, como frutas y verduras, han aumentado de precio.
A esto hay que añadir que es mucho más barato y más cómodo quedarse en casa comiendo una *pizza* y viendo la televisión que realizar algunos deportes como natación, tenis, ciclismo, fútbol, etcétera.
Y también está el papel de la publicidad. La publicidad de alimentos en televisión está llena de cereales azucarados para el desayuno, refrescos, dulces y aperitivos salados. Si unimos a estos la comida rápida, se puede hablar de «los 5 grandes» de la publicidad alimentaria.

EFECTOS

La comida basura tiene una serie de efectos negativos sobre la salud cuando la consumimos habitualmente: exceso de peso, elevación del nivel de colesterol en la sangre, digestiones difíciles, alteración del sentido del gusto y adicción.

CONSEJOS SALUDABLES

Por lo tanto, conviene seguir algunas recomendaciones. Por la mañana, el desayuno tiene que ser fuerte y variado. Es fundamental para nuestra salud y para nuestro rendimiento físico e intelectual a lo largo de toda la mañana.
La comida del mediodía debe ser sana y equilibrada. La dieta mediterránea, rica en verduras, frutas y pescados, es muy aconsejable.
Las cenas tienen que ser moderadas.
Y, por último, no hay que olvidar que practicar ejercicio físico de forma habitual y moderada es muy beneficioso para nuestro cuerpo y para nuestra mente.

1 Según el texto, ¿qué importancia tiene la economía en el mayor consumo de la comida basura?
2 ¿Qué influencia tiene la publicidad?
3 ¿Quiénes son «los 5 grandes» de la publicidad alimentaria?
4 ¿Por qué produce la comida basura exceso de peso?
5 ¿Qué comida diaria es la que nos aporta más energía para nuestro rendimiento escolar?

7 Localiza en el texto anterior palabras que signifiquen…

ALIMENTOS ELABORADOS CON AZÚCAR

HÁBITO INCONTROLADO

SANOS

SIN EXAGERACIÓN

Pretérito perfecto

- El **pretérito perfecto** se utiliza para expresar acciones acabadas en el pasado que se acompañan con marcadores temporales como: *hoy, esta mañana / semana, este año / fin de semana, últimamente, ya, todavía no...*
  *Últimamente no **he ido** al cine.*
- También se utiliza para hablar de experiencias personales.
  *Nunca **he subido** en globo, pero **he viajado** muchas veces en avión.*
- Si preguntamos por experiencias vividas, normalmente se utiliza el marcador temporal *alguna vez*.
  *¿**Has estado** alguna vez en Barcelona?*

Observa estas oraciones:

Últimamente no he ido al cine.

Nunca he subido en globo.

¿Has estado alguna vez en Barcelona?

1 Subraya la forma verbal que aparece en las oraciones anteriores. ¿Es una forma simple o compuesta?

2 ¿Qué tipo de pretérito es: perfecto o indefinido?

3 Deduce tú ahora sus reglas de uso:
- El pretérito perfecto se utiliza para expresar acciones ***acabadas / no acabadas*** en un tiempo pasado.
- El pretérito perfecto se utiliza para hablar de ***experiencias / conocimientos*** personales.

4 ¿Qué marcador temporal se usa para preguntar por experiencias vividas?

1 Relaciona las frases con las imágenes.

1 Mi hermana se ha roto un brazo.
2 Mis primos me han escrito un mensaje desde París.
3 Pedro se ha puesto un traje de pirata.
4 El viento ha abierto la ventana.
5 Esta mañana hemos hecho un examen.
6 Hoy hemos visto al profesor y nos ha dicho la fecha del examen.

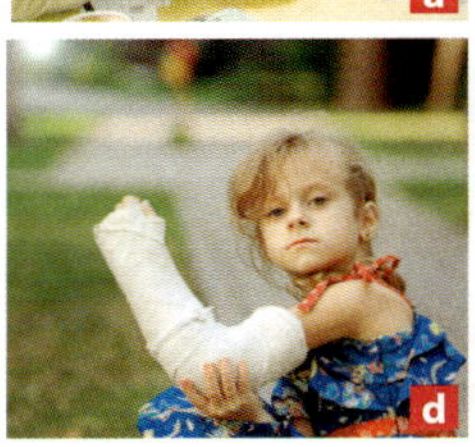

2 ¿A qué verbos pertenecen los siguientes participios?

visto · roto · puesto · hecho · escrito · abierto · dicho

3 Completa el texto con el pretérito perfecto de los siguientes verbos.

gustar • llevar • hacer (x2) • caerse • ser
ver • ir • estar • reírse • pasar

Hola, Pedro:
Hoy mis compañeros y yo [1] ...... en la sierra. [2] ...... muy buen tiempo. El profesor de Educación Física nos [3] ...... por una senda junto al río. Yo [4] ...... unas cabras en lo alto de unas rocas y Juan y Pablo les [5] ...... unas fotos.

¿[6] ...... tú alguna vez a la sierra de excursión? A nosotros nos [7] ...... mucho y lo [8] ...... muy bien. El único problema [9]...... cuando Juan y yo [10] ...... al agua al cruzar el río. Toda la clase [11] ...... de nosotros.

Pretérito indefinido / Pretérito perfecto

El **pretérito indefinido** se utiliza para expresar acciones que se presentan acabadas en el pasado, acompañado de marcadores temporales como:

ayer — *el lunes / martes...*
anoche — *hace dos / tres días*
el mes pasado — *en 1985...*

El **pretérito perfecto** también expresa acciones acabadas, pero suele ir acompañado de marcadores temporales como:

hoy, esta semana / este mes...
últimamente
nunca
alguna vez

Marcadores de frecuencia

Los marcadores de frecuencia más habituales son:

últimamente — *nunca*
alguna vez / algunas veces — *muchas veces*
una vez / dos veces... — *todavía no*
siempre — *ya*

4 Escribe frases sobre tus experiencias utilizando los marcadores de frecuencia: *nunca, alguna vez, muchas veces*.

comer / en un restaurante indio *Yo nunca he comido en un restaurante indio.*

1 montar en bicicleta / más de 20 kilómetros
2 nadar / en el mar Mediterráneo
3 comer / paella
4 ver / un volcán
5 escalar / una montaña
6 hacer / una barbacoa
7 vivir / en un país extranjero
8 dormir / en una tienda de campaña
9 escribir / un correo electrónico
10 preparar / la cena

5 Utiliza los siguientes marcadores de frecuencia para completar estas oraciones. Puede haber más de una opción.

últimamente • alguna vez • siempre • nunca • muchas veces • todavía no (x2) • ya

1 Hace dos meses que estoy en Madrid y .... he visitado el Museo del Prado.
2 ¿Has comido .... tortilla de patatas?
3 Mis padres y yo hemos viajado .... en tren. Nos gusta mucho.
4 .... no he hecho mucho deporte. Estoy un poco vago.
5 Me gusta mucho mi barrio. .... he vivido ahí.
6 ¿Has preparado .... la cena? ¡Estamos todos hambrientos!
7 ¡Es muy tarde y tu hermano .... ha llegado!
8 Antes a mis padres no les gustaba la música clásica, pero .... han ido a algunos conciertos.
9 .... han estado tan en buena forma como ahora. Antes no hacían tanto deporte.
10 .... ha sido el más gordo de la clase. Come mucha comida basura.

6 Elige la forma más adecuada.

1 Esta mañana he **desayunado / desayuné** leche con galletas.
2 El año pasado me **he matriculado / matriculé** en un gimnasio para hacer aeróbic.
3 Yo nunca **he comido / comí** arroz integral.
4 Anoche **han puesto / pusieron** en la tele un programa sobre la salud y la alimentación.
5 ¿**Has hecho / Hiciste** piragüismo alguna vez?

7 Usa el pretérito perfecto o el pretérito indefinido de los verbos entre paréntesis.

1 • ¿Dónde (estar) .... tú el verano pasado de vacaciones?
 ▪ En julio (estar) .... con mis abuelos y en agosto (ir) .... de *camping* a Asturias.
2 • Esta mañana yo no (ir) .... a clase. ¿(Decir) .... el profesor la fecha del examen?
 ▪ Nos la (decir) .... ayer al final de la clase. Es el próximo viernes.
3 • ¿(Ver) .... vosotros alguna vez una competición de natación sincronizada?
 ▪ Sí. La (ver) .... este verano en las Olimpiadas.
4 • ¿Qué (hacer) .... tú este fin de semana?
 ▪ El viernes (escribir) .... un correo a mi amigo Luis, el sábado (jugar) .... un partido con mi equipo de baloncesto y el domingo (ir) .... a casa de mis abuelos.
5 • ¿Qué le (pasar) .... a tu hermano en la pierna?
 ▪ Se la (romper) .... El domingo se (caer) .... jugando al fútbol.
6 • ¿(Hacer) .... tú el trabajo de naturales?
 ▪ No, todavía no (tener) .... tiempo de ir a la biblioteca a buscar información.

8 (20) Relaciona los verbos de la columna A con los nombres de la columna B para formar nombres compuestos. Relaciónalos con las imágenes. Después, escucha y comprueba.

1
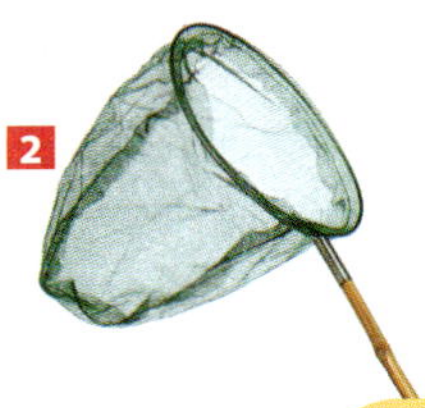
2

3

4

5
salvavidas

A	B
salvar	corchos
sacar	mariposas
abrir	manchas
cortar	botellas
quitar	cristales
sacar	vidas
abrir	puntas
limpiar	vajillas
lavar	uñas
cazar	latas

6

7

8

9

10

9 Forma frases utilizando el pretérito perfecto y algunos nombres del ejercicio 8.

Yo / algunas veces / nadar con... *Yo algunas veces he nadado con un salvavidas.*

1 Mi padre / limpiar / la camisa con...
2 Mi madre / meter / los platos en...
3 Juan / abrir / la lata de pimientos con...
4 Isabel y Pedro / limpiar / las ventanillas del coche con...
5 Yo / guardar / en la cartera el lápiz y...
6 Mis hermanos / cazar / mariposas con...

1 Lee y elige el cuantificador correcto.

¿En qué te diferencias de tus amigos?

1 ¿Qué te parece la comida basura?

a Está muy rica. A mí me gusta [1] **poco / mucho / más**.

b No está mal. La como de vez en cuando.

c Prefiero no comerla. Es [2] **bastante / nada / mucho** insana.

2 ¿Haces ejercicio?

a Normalmente no hago [3] **mucho / bastante / nada** de ejercicio.

b No hago [4] **un poco / demasiado / bastante**. Monto en bici una vez a la semana.

c Bastante. Me encanta el deporte.

3 ¿Cuánto duermes?

a Duermo [5] **mucho / poco / demasiado**. Me acuesto muy tarde.

b Ocho horas. Es lo que necesito para descansar.

c Duermo [6] **demasiado / bastantes / pocos** horas. No me gusta madrugar.

4 ¿En qué gastas tu dinero?

a Gasto [7] **bastante / muchas / nada** dinero en videojuegos.

b Principalmente compro cómics.

c No gasto [8] **nada / bastante / demasiada**. Estoy ahorrando para comprar una consola.

5 ¿Qué es lo que más te gusta hacer en tu tiempo libre?

a Navegar por internet.

b Me gusta nadar y voy [9] **un poco / nada / mucho** a la piscina.

c Cualquier cosa menos hacer deporte. Es [10] **demasiado / mucho / más** cansado.

2 Haz el cuestionario con un compañero. ¿En cuántas respuestas estáis de acuerdo?

3 21 Lee y escucha. ¿Qué quieren comer Juan y Ana?

Ana: No hay nada en la nevera. Tenemos que hacer la compra. ¿Qué compramos?

Juan: Podemos comprar jamón y queso y hacemos unas *pizzas*.

Ana: Eso no parece muy sano.

Juan: Vale. Pues compramos unos huevos y patatas y nos hacemos unos huevos con patatas fritas.

Ana: ¿Tú crees que eso es comer sano? Yo creo que no, así que esta noche vamos a cenar ensalada y para desayunar compramos naranjas para preparar un zumo.

Juan: Bueno, me has convencido. Pero para comer hacemos unas buenas hamburguesas.

Ana: Vale.

4 Imagina que estás preparando la lista de la compra con tu compañero. Preparad un nuevo diálogo utilizando las expresiones de la nota de abajo.

PENSAR UN MENÚ

-¿Qué compramos?
-Eso no parece muy sano.
-Esta noche vamos a cenar... para desayunar...
-Bueno, me has convencido.

1 **Relaciona las siguientes palabras con sus definiciones.**

frito/-a • congelado/-a • sano/-a • comida basura
crudo/-a • picante • estropeado/-a • sabroso/-a
dulce • vegetariano/-a • salado/-a • soso/-a

1 Que te produce una sensación de picor o ardor al comerlo.
2 Con mucho sabor.
3 Poco cocinado.
4 Alimentos elaborados sin carne ni pescado.
5 Bueno para tu salud.
6 Que está helado.
7 Cocinado en aceite caliente.
8 Que tiene mucha sal.
9 Que contiene mucha sal, azúcar o grasa.
10 Con azúcar.
11 Que tiene poca sal.
12 Alimentos en mal estado.

2 **Elige dos tipos de alimentos que puedas definir con los adjetivos del ejercicio 1.**

pescado congelado

tarta dulce

3 (22) **Escucha los cuatro diálogos y relaciona el tema del que están hablando con una palabra del ejercicio 1.**

4 **Relaciona las siguientes palabras con sus definiciones.**

PRECOCINADO

RECALENTADO

DESCONGELADO

1 Que se ha vuelto a calentar.
2 Cocinado con antelación y listo para comer.
3 Que ha perdido el estado de congelación.

5 **Explica con tus propias palabras el significado que aporta cada uno de los prefijos en las palabras anteriores.**

6 **Completa las frases añadiendo el prefijo correcto.**

1 Tienes que ....escribir la receta corrigiendo los errores.
2 La comida vegetariana tiene ventajas y ....ventajas para la salud.
3 Solo como comida ....cocinada si tengo poco tiempo.
4 Yo bebo leche ....natada para no engordar.
5 ¡Por fin he encontrado algo para preparar un aperitivo después de ....buscar en la nevera!

7 **Habla con tu compañero. Describe un tipo de comida o bebida, él / ella tiene que adivinarla.**

- *Está hecha con una base de harina de cereales y cubierta con distintos productos. Es muy sabrosa y se cocina en el horno. Es una comida típica italiana.*
- *La pizza.*

LEER

1 **¿Alguna vez te has propuesto tener un cuerpo musculoso? ¿Sabes lo que tienes que hacer para conseguirlo?**

2 23 **Lee y escucha. Después, contesta a las preguntas.**

La dura vida del musculitos

El **musculitos** (también conocido por «mazas», «cachas») no lleva una vida fácil.

Para empezar, el **musculitos** no nace, se hace a base de sudor y euros de gimnasio. La mayoría de la gente abandona el gimnasio a los dos o tres meses, pero el auténtico **musculitos** no tiene pereza. El musculitos profesional no va solo a un gimnasio, va a tres, por la mañana, por la tarde y por la noche, donde hace diferentes tipos de ejercicios con diferentes tipos de monitores. Así, el aprovechamiento es total.

El clásico **musculitos** lleva una dieta estricta basada, especialmente, en las proteínas. No solo come carne, pescado y huevos, sino que además bebe batidos de proteínas que compra en botes de diez kilos.

El **musculitos** suele pasar frío porque siempre, en cualquier mes del año, lleva camisetas de manga corta, para enseñar esos brazos que tanto trabajo y dinero le han costado conseguir. Además hay algunos complementos básicos para ser un **musculitos** de verdad: el pelo engominado o cortado a cepillo, bañadores ajustados y, por supuesto, la depilación total.

Como veis, este aspecto musculoso no es nada fácil de conseguir y por eso os pido amor y comprensión para este sector de la población que tanto sufre.

Gloria

1 El texto es objetivo o irónico.
2 ¿Por qué la mayoría de la gente no va con continuidad a los gimnasios y el musculitos sí?
3 ¿Con qué frecuencia va el musculitos?
4 ¿Con qué productos complementa el musculitos su alimentación?
5 ¿Por qué va el musculitos siempre con los brazos al aire?
6 ¿Por qué pide la autora del texto comprensión para los musculitos?

ESCUCHAR

3 24 **Escucha la conversación entre Cristina y Noelia sobre algunos amigos comunes y señala la opción correcta.**

1 Cristina piensa que Raúl es **poco interesante / muy interesante / interesante.**
2 Noelia piensa que el novio de Sandra es muy guapo y **muy simpático / muy inteligente / muy divertido.**
3 Cristina piensa que Rubén es **agradable / simpático / pesado.**
4 Noelia piensa que el amigo de Raúl es **muy aburrido / muy divertido / muy hablador.**
5 A Cristina le gustan los chicos **descerebrados / inteligentes / elegantes.**

HABLAR

4 **En parejas, pregunta a tu compañero.**

- ¿Cómo te gustas los / las chicos/-as?
- ¿Qué opinas de las personas musculosas?
- ¿Te preocupa mucho tu cuerpo?
- ¿Estás en buena forma?
- ¿Llevas una dieta sana?

ESCRIBIR

5 Clasifica las siguientes palabras en el apartado correcto.

aceite • cocer • huevos • pimiento • sal
triturar • cebolla • pelar • trocear • atún • sacar
pepino • tomate • añadir • rellenar

INGREDIENTES	
INSTRUCCIONES	

6 (25) Completa las recetas con las palabras del ejercicio 1. Después, escucha y comprueba.

Recetas de nuestros platos del día

De primero: Gazpacho

Ingredientes
- 1 kilo de tomates
- 1 diente de ajo
- 1 pimiento verde
- 1 pepino
- 1 cebolla
- 0,3 l de agua
- Aceite, vinagre y sal

Preparación
Pelar y [1] .... los tomates, la [2] ...., el ajo y el [3] .... y ponerlos en un recipiente grande.
[4] .... el [5] .... verde en trozos. Después echar en el recipiente el agua, el [6] ...., el vinagre y la [7] ....
[8] .... hasta obtener una mezcla homogénea. Después, colarlo y servirlo frío.

De segundo: Huevos rellenos

Ingredientes
- 6 huevos
- 1 lata de atún
- 3 cucharadas de tomate frito
- Mayonesa

Preparación
[9] .... los huevos en agua hirviendo durante veinte minutos. Dejarlos enfriar. [10] .... los [11] .... y partirlos en dos mitades. [12] .... las yemas y ponerlas en un recipiente. Añadir el [13] .... y la salsa de [14] .... Mezclarlo hasta obtener una pasta homogénea. [15] .... los huevos con la pasta. Cubrirlos con un poco de mayonesa. Servirlos fríos.

Y de postre... algo de fruta o un yogur

7 Utiliza los pronombres, como en el ejemplo. Fíjate en las imágenes.

1 Pelar los tomates. *Pelarlos*
2 Trocear la cebolla.
3 Poner los ingredientes.
4 Sacar las yemas.
5 Añadir el pimiento.
6 Cocer los huevos.

8 ¿Te atreves a cocinar? Escribe la receta de un primer plato, un segundo plato o un postre. Escribe los ingredientes y explica la forma de prepararlos.

1 ¿Has oído alguna vez hablar de la dieta mediterránea? ¿Sabes qué alimentos se utilizan principalmente en esta dieta?

2 (26) Lee y escucha el texto. Di si las afirmaciones son verdaderas o falsas y justifica tus respuestas.

La dieta mediterránea

Hace unos años, unos estudios demostraron que los países del Mediterráneo (España, Italia, Francia y Grecia) tenían un menor porcentaje de infarto de miocardio y una menor tasa de mortalidad por cáncer. Los investigadores, sorprendidos, buscaron las posibles causas y descubrieron que la dieta tenía un papel fundamental. A partir de entonces, se empezó a hablar de **la dieta mediterránea** como un factor importante en la prevención de estas enfermedades.

Tras este descubrimiento, los científicos analizaron los elementos que definen **la dieta mediterránea**: pasta y arroz, verduras, legumbres, fruta, aceite de oliva, poca carne y mucho pescado, pan integral, y todo preparado con ajo y hierbas aromáticas.

En un principio, nadie sabía por qué funcionaba tan bien esta combinación de alimentos. Pero, poco a poco, los nuevos descubrimientos sobre alimentación desvelaron los secretos de una sabiduría milenaria.

Para seguir esta saludable dieta hay que tener en cuenta los siguientes consejos:

1 Consume alimentos de origen vegetal en abundancia: frutas, verduras, pan, pasta, arroz, cereales, legumbres y patatas.

2 Consume alimentos de temporada frescos.

3 Utiliza el aceite de oliva como grasa principal, tanto para freír como para aliñar.

4 Consume diariamente una cantidad moderada de queso y yogur.

5 Consume semanalmente una cantidad moderada de pescado, preferentemente azul, aves y huevos.

6 Consume frutos secos, miel y aceitunas con moderación.

7 Consume carne roja algunas veces al mes.

8 Realiza alguna actividad física con regularidad para hacer trabajar al corazón y mantener en forma las articulaciones y el tono físico.

¿VERDADERO O FALSO?

1 La dieta mediterránea es buena para el corazón.

2 La dieta mediterránea es una dieta vegetariana.

3 En los países mediterráneos se practica esta dieta desde hace pocos años.

4 Si sigues la dieta mediterránea, no es necesario hacer ejercicio físico.

Reflexión y evaluación

1 **Para estar en forma tienes que…**

a dormir poco
b hacer una dieta sana
c comer comida basura

2 **Los … (leche, yogur y queso) tienen mucho calcio.**

a hidratos de carbono
b verduras
c productos lácteos

3 **El pepino y la cebolla son….**

a legumbres
b frutas
c verduras

4 **Tienes que comer más frutas, verduras y…**

a legumbres
b azúcar
c sal

5 **La carne y el … tienen muchas proteínas.**

a verdura
b pescado
c fruta

6 **¿Qué … tú esta mañana?**

a he desayunado
b ha desayunado
c has desayunado

7 **Mi hermana … una receta para la revista del colegio.**

a ha escribido
b ha escrito
c ha escribir

8 **No me … las verduras de la cena.**

a han gustado
b ha gustado
c has gustado

9 **¿… tus amigos y tú en el parque de atracciones?**

a Has estado
b Han estado
c Habéis estado

10 **Mi madre y yo … una tortilla de patatas.**

a he hacido
b hemos hacido
c hemos hecho

11 **Ayer … en un restaurante peruano.**

a hemos comido
b comimos
c comemos

12 **¿… tú alguna vez en Canarias?**

a Estás
b Ha estado
c Has estado

13 **El mes pasado nos … a un gimnasio.**

a hemos apuntado
b apuntamos
c apuntan

14 **Yo hoy no … con mis padres.**

a he comido
b comí
c comemos

15 **• ¿Cuándo ha llegado tu hermana?**
▪ … la semana pasada.

a Ha llegado
b Llega
c Llegó

16 **Mi hermano y yo nunca … gazpacho.**

a comí
b come
c hemos comido

17 **Últimamente … mucho frío.**

a hizo
b ha hecho
c han hecho

18 **Algunas botellas se abren con…**

a abrelatas
b sacacorchos
c salvavidas

19 **Cuando un lapicero no tiene punta utilizamos un…**

a sacacorchos
b abrelatas
c sacapuntas

20 **La ventana está sucia. Tienes que limpiarla con un…**

a limpiacristales
b lavavajillas
c quitamanchas

21 **La … contiene mucha sal, azúcar y grasa.**

a verdura precocida
b carne fresca
c comida basura

22 **La fruta y la verdura son alimentos…**

a salados
b vegetarianos
c picantes

23 **Los huevos cocidos tienen menos calorías que los huevos…**

a fritos
b congelados
c vegetarianos

24 **He sacado el pescado del congelador, aún no está...**

a recalentado
b descongelado
c precocinado

Ahora puedes hacer el Proyecto 1 (páginas 120-121)

De compras

4

VOCABULARIO	▸ Ropa, complementos, moda ▸ ¿Qué me pongo?
GRAMÁTICA	▸ Presente de subjuntivo ▸ Adjetivos descriptivos
COMUNICACIÓN	▸ Comprar, comprar, comprar... ▸ Hábitos de consumo
COMUNICACIÓN Y VOCABULARIO	▸ ¡Me voy de compras!
DESTREZAS	▸ Esclavos de la moda ▸ Sección de consultas en una revista
CULTURA	▸ El flamenco. El traje flamenco. La Feria de Abril de Sevilla

1 Mira el anuncio y relaciona las siguientes palabras con las imágenes. Después, escucha y comprueba.

bolso • perfume • cinturón • medias • gafas de sol • pendientes • abrigo • cazadora
botas • guantes • collar • zapatillas de deporte • calcetines • gorra • anillo

2 **Vas a pasar un fin de semana con tus amigos en Barcelona en verano y otro en invierno. ¿Qué pones en tu bolsa de viaje en cada ocasión? Después, compara con tu compañero.**

3 **Clasifica el siguiente vocabulario en su grupo correspondiente. Utiliza el diccionario.**

barato/-a • talla • caro/-a • probarse • cliente
~~dependiente~~ • sentar bien • pequeño/-a
mostrador • ancho/-a • pagar en efectivo
corto/-a • quitarse • tarjeta de crédito
~~grande~~ • estrecho/-a • probador • ~~ponerse~~
largo/-a • caja • cambiar

Verbos:	*ponerse*
Adjetivos:	*grande*
Nombres:	*dependiente*

4 **Completa las frases con el vocabulario del ejercicio 3.**

1 Pruébate este otro vestido: te va a ....
2 Me acerqué a la .... para pagar.
3 Hay unos pantalones que me gustan, pero no los tienen en mi ....
4 Es un poco ancha. ¿No tienen una un poco más ....?
5 He dejado las prendas que no me gustaban encima del ....
6 No admiten tarjeta de crédito. Tengo que ....
7 El .... está ocupado en este momento. ¿Puede esperar?
8 El .... está muy cansado porque hoy ha atendido a muchos ....
9 Es demasiado .... No tengo suficiente dinero para comprarlo.
10 Me está un poco grande. Mañana lo iré a .... por uno más pequeño.
11 En rebajas todo es más ....
12 Para la fiesta va a .... el vestido nuevo.

5 Lee y escucha.

¿QUÉ ME PONGO?

Hoy en día vamos de compras y en los escaparates encontramos faldas, vaqueros, camisetas, miles de complementos… Esta variedad era inimaginable solo hace dos siglos.

En el Antiguo Egipto, hace 4000 años, tenían poco para elegir en el armario. Estaban de moda las túnicas de lino. En las antiguas Grecia y Roma vestían con túnicas amplias, sin mangas, ajustadas al cuerpo con broches y cinturones.

En la Edad Media los sastres tenían más imaginación y vestían a las damas con vestidos largos de hermosas telas. En el Renacimiento, a finales del siglo XIV, Italia se puso a la cabeza de la moda con vestidos de amplios escotes.

Cansadas de tanto adorno y complementos, las mujeres del siglo XIX decidieron ponerse vestidos sencillos. Pero fue en el siglo XX cuando se produjo la auténtica revolución en la moda. En los años 20 el cinturón bajó hasta las caderas y las plumas y los collares de perlas eran los complementos ideales. En los años 60, empezaron a usarse materiales como el plástico y el metal. Las gafas de pasta, las botas altas y los cinturones anchos eran los complementos perfectos para la prenda estrella de aquella década: la minifalda. A partir de los 80, la moda punk «agujereó» los vaqueros, las medias y las mallas y vistió a la juventud con chaquetas de cuero negro llenas de imperdibles y chapas.

¿Y ahora cómo describimos la moda del siglo XXI? Agatha Ruiz de la Prada dice que es muy colorida, mágica y llena de corazones, y Giorgio Armani dice que es sofisticada y elegante. Así que, ¡ponte lo que quieras! Lo importante es que te sientas cómod@ y guap@ con lo que llevas.

Adaptación de: *Muy interesante*

6 **Busca en el texto palabras que signifiquen:**

1 Grande
2 Vestidos amplios y largos que se utilizaban hace 4000 años
3 Corte superior de un vestido
4 Parte del vestido que cubre los brazos
5 Persona que hace trajes y vestidos
6 Tejido de origen vegetal

7 **¿Son las afirmaciones verdaderas o falsas? Corrige las falsas.**

1 Hace dos siglos había muchos productos diferentes en las tiendas de ropa.
2 En Egipto usaban prendas elaboradas con tejidos vegetales.
3 En la antigua Roma no se utilizaban complementos de moda.
4 Las mujeres del Renacimiento llevaban vestidos cerrados hasta el cuello.
5 El plástico y el metal no llegaron a la moda hasta la segunda mitad del siglo XX.
6 La minifalda provocó la gran revolución de la moda de los 60.
7 Los seguidores de la moda *punk* son muy cuidadosos con su ropa.

Presente de subjuntivo

El **modo subjuntivo** se utiliza en frases dependientes de verbos que expresan deseos y necesidades.
También en oraciones independientes que expresan deseos y empiezan por *que*.

Verbos regulares

	comprar	**vender**	**escribir**
yo	compr**e**	vend**a**	escrib**a**
tú	compr**es**	vend**as**	escrib**as**
él / ella / Ud.	compr**e**	vend**a**	escrib**a**
nosotros/-as	compr**emos**	vend**amos**	escrib**amos**
vosotros/-as	compr**éis**	vend**áis**	escrib**áis**
ellos / ellas / Uds.	compr**en**	vend**an**	escrib**an**

Verbos irregulares

Hay verbos con cambios vocálicos (como en presente de indicativo) o cambios en la raíz. Puedes encontrarlos en el *Resumen Gramatical*.

1 Relaciona. ¿Qué le deseas a alguien que...?

1 tiene un examen
2 necesita dinero
3 se va de vacaciones
4 está desempleado
5 está cansado
6 es su cumpleaños

a ¡Que te lo pases bien!
b ¡Que cumplas muchos más!
c ¡Que descanses!
d ¡Que apruebes!
e ¡Que encuentres trabajo pronto!
f ¡Que te toque la lotería!

2 Completa la tabla.

salir	hacer	decir	venir
salga	haga	diga	venga
salgas	hagas	digas	
salga	haga		
salgamos			
salgáis			

3 Conjuga el presente de subjuntivo de los siguientes verbos.

1 Tener: *tenga*
2 Ser: *sea*
3 Conocer: *conozca*
4 Estar: *esté*
5 Ir: *vaya*
6 Saber: *sepa*

4 Pon el verbo en presente de subjuntivo en las siguientes frases.

1 Mi hermano está estudiando mucho. Espero que .... (aprobar) sus exámenes.
2 ¿Estuviste ayer en clase? Necesito que me .... (dejar / tú) los apuntes.
3 Mañana es el cumpleaños de Jesús. Espero que María .... (venir) conmigo a comprar el regalo.
4 Estoy enfermo. Necesito que me .... (hacer / tú) la compra.
5 ¿Te duele mucho la cabeza? Espero que no .... (tener / tú) la gripe.
6 Esto es un secreto. Espero que no se lo .... (contar / tú) a nadie.
7 Venid a comer el domingo. Quiero que .... (conocer) a mis padres.
8 Quiere estudiar en el extranjero, pero necesita que le .... (dar / ellos) una beca.
9 Si acabáis pronto, espero que .... (ir / vosotros) a nuestra fiesta.
10 Quedamos a las seis. Espero que .... (estar / vosotros) allí a esa hora.
11 Por favor, necesito que .... (tomar / tú) los apuntes.

5 **Alicia sale esta tarde con sus amigos. Antes de marcharse de casa, su madre le ha hecho varias advertencias. Relaciona las dos columnas, y forma frases fijándote en lo que ha hecho Alicia.**

no gastar	ruido
ponerse	por teléfono
no comer	mucho dinero
llamar	el abrigo
tomar	comida basura
no volver	el autobús
no hacer	después de las doce

Espero… *que no gastes mucho dinero*.

1

2

3

4

5

6

6 **Lee la información y completa las frases con las palabras entre paréntesis.**

1 A María le gustan los animales. (padres / regalar / perro)

Quiere que…

2 Juan trabaja a 10 km de su casa y no hay transporte público. (empresa / comprar / coche)

Necesita que…

3 Miguel va a ir de vacaciones a los Alpes. (profesor / dar / clases de esquí)

Quiere que…

4 Guillermo entrena todas las semanas en el centro deportivo. (equipo profesional / contratar a él)

Espera que…

5 Marisa y Felipe han hecho muchos exámenes esta semana. (profesores / poner / buenas notas).

Esperan que…

7 **Vas a organizar una fiesta sorpresa para celebrar el cumpleaños de un amigo. Escribe lo que necesitas que hagan tus compañeros de clase.**

Necesito que tu amigo Pedro diseñe las invitaciones.

QUIERO QUE…

ESPERO QUE…

NECESITO QUE…

Concordancia de nombres y adjetivos

el bolso negro

los bolsos negros

la camiseta roja

las camisetas rojas

8 **Forma parejas de contrarios con los siguientes adjetivos.**

~~largo/-a~~ • grande • estrecho/-a • viejo/-a • grueso/-a • feo/-a • moderno/-a • bueno/-a • claro/-a • pequeño/-a • barato/-a • ancho/-a • ~~corto/-a~~ • nuevo/-a • antiguo/-a • bonito/-a • caro/-a • malo/-a • fino/-a • oscuro/-a

largo – corto

9 **Relaciona las palabras de las tres columnas.**

un	vaqueros	cortos
unos	cinturón	oscuras
unas	medias	negros
una	gafas	nueva
	collar	caros
	gorra	ancho
	pendientes	largo
	calcetines	finas

10 29 **Describe las prendas de las imágenes, como en el ejemplo. Después, escucha y comprueba.**

unos zapatos blancos

1

2

3

4

5

6

7

8

9

10

11 **Describe cómo van vestidos Javier y Patricia.**

1 Javier lleva…
2 Patricia lleva…

Javier

Patricia

1 Escucha las entrevistas a David, Margarita y Julia. ¿Qué ha comprado cada uno?

vestido • zapatos • chaqueta • pendientes • sudadera
libro • CD • falda • bolso • revistas • bufanda

David | Margarita | Julia

2 Escucha de nuevo y contesta.

¿Quién...

1 ... tiene ya trabajo?
2 ... piensa que es un / una comprador(a) responsable?
3 ... mira en el ordenador antes de salir?
4 ... se arrepiente a veces de las compras que ha hecho?
5 ... está deseando tener una tarjeta de crédito?

¿A quién...

6 ... le han dado sus padres dinero para ir de compras?
7 ... no le gusta nada ir de compras?

HACER UNA RECLAMACIÓN EN UNA TIENDA

Dependienta: ¿En qué puedo ayudarte?
Cliente: Quiero hacer una reclamación.
Dependienta: ¿Cuál es el problema?
Cliente: Ha encogido / Tiene un defecto.
Dependienta: Podemos cambiarla por otra.
Cliente: Prefiero que me devuelvan el dinero.
Dependienta: Podemos hacer la devolución.

3 Lee y escucha la conversación entre un cliente y una dependienta de una tienda. Después, contesta a las preguntas.

Dependienta: Buenos días, ¿en qué puedo ayudarle?
Cliente: Pues, mire, quiero hacer una reclamación.
Dependienta: ¿Cuál es el problema?
Cliente: Compré esta camiseta la semana pasada... y la primera vez que la he lavado... ¡ha encogido dos tallas!
Dependienta: ¡Vaya, lo siento mucho! Nadie ha tenido este problema hasta ahora... ¿Está seguro de que siguió las instrucciones de lavado?
Cliente: Sí, claro...
Dependienta: Bueno, podemos hacer dos cosas: cambiarla por otra o devolverle el dinero. ¿Qué prefiere?
Cliente: Pues, prefiero la devolución.
Dependienta: ¿Tiene el ticket de compra?
Cliente: Sí, tome.
Dependienta: Vale, pues vamos a la caja y ahí le devolvemos el dinero.

1 ¿Qué problema tiene el cliente?
2 ¿Qué le ofrece la dependienta?
3 ¿Qué pasa al final?

4 Prepara con tu compañero una conversación similar a la del ejercicio 3, utilizando las expresiones de la nota de la izquierda. Representadla ante la clase.

1 **Relaciona los siguientes lugares con las imágenes. ¿Qué puedes comprar o hacer en cada uno de ellos?**

tienda de ropa • joyería • tienda de electrodomésticos
librería • zapatería • tienda de música • supermercado
tienda de deportes • cajero automático • cafetería

1

2

3

4

5

6

7

8

9

10

2 **[32] Escucha las conversaciones. ¿Dónde están las personas? ¿Qué quieren comprar o hacer?**

3 **Relaciona las siguientes palabras con sus definiciones.**

1 oferta
2 rebajas
3 descuento
4 ticket de compra
5 devolución

a Reducción de un porcentaje en el precio de un producto.
b Precio de un producto mucho más barato de lo normal.
c Justificante de pago.
d Dinero que dan al devolver un producto.
e Venta de productos a un precio reducido durante un periodo de tiempo.

4 **Completa las frases con las palabras del ejercicio anterior.**

1 Los juegos de ordenador tenían un 50 % de .... sobre su precio habitual.
2 ¡Es una .... fantástica! ¡Te dan dos por el precio de una!
3 • La chaqueta me queda pequeña, pero he perdido el ticket.
  ▪ Lo siento, pero entonces no podemos hacer la ....
4 Me voy a comprar el abrigo en las .... de enero. Me va a costar mucho más barato.

5 **Habla con tu compañero sobre tus hábitos de consumo.**

1 ¿Con qué frecuencia compras ropa, libros y CD?
2 ¿Cuándo fue la última vez que fuiste de compras?
3 ¿Dónde? ¿Con quién?
4 ¿Qué compraste?

LEER

1 **Lee y escucha. Después, contesta a las preguntas.**

Estar a la moda

Esclavos de la moda

Estaba sentada en un parque cuando oí, casualmente, la conversación de mis vecinas de banco: A le preguntaba a B por qué había faltado a la fiesta de la noche anterior. Ella le respondió: «No tenía nada que ponerme, toda la ropa que tengo está pasada de moda».

Esto me hizo reflexionar. A mí me parece que la ropa es solo una herramienta y «estar a la moda» es un juego cultural sin demasiada importancia. Pero… ¿os habéis preguntado si los modelos de ropa que imponen los diseñadores famosos y las revistas publicitarias de la moda son realmente los que deseamos usar? Si tenéis ideas como «No tengo ropa para la ocasión» o «La ropa que tengo no está de moda», pensad que las modas son un acuerdo social, absurdo y frágil. Tú puedes cambiarlas con solo desearlo.

El modelo apropiado para cada ocasión es el que te hace sentir cómodo, no importa si llevas una indumentaria romántica decimonónica o si te vistes con zapatos de payaso o pantalón de pirata. Somos seres creativos, capaces de fabricar nuestro propio mundo.

Y recordad: cómo vestirnos debe ser siempre una elección personal.

Ariadna

1 ¿Qué le hizo reflexionar a Ariadna sobre la moda?
2 ¿Qué representa para ella «estar a la moda»?
3 ¿Quiénes marcan las tendencias de la moda principalmente?
4 ¿Por qué cree ella que tú puedes cambiar la moda cuando quieras?
5 Según su opinión, ¿qué es lo más importante a la hora de elegir un modelo?

ESCUCHAR

2 **Escucha la conversación entre Diana, Alberto y Blanca sobre la moda, y completa las frases.**

1 .... opina que la moda es un fenómeno consumista.
2 .... que la moda es importante y por eso se gasta mucho dinero en ella.
3 .... que lo importante es tener un estilo personal.

HABLAR

3 **Prepara con tu compañero un diálogo sobre la importancia de la moda. Utiliza, entre otras, las siguientes expresiones.**

- ¿A ti qué te parece...?
- ¿Qué crees que es lo más importante a la hora de...?

- A mí me parece que...
- Yo creo que...
- Lo importante es...

ESCRIBIR

4 **¿Alguna vez has comprado algo que no funcionaba o tenía un defecto? ¿Qué hiciste?**

5 **Lee el siguiente correo de reclamación y contesta a las preguntas.**

1 ¿Qué compró Emilio?
2 ¿Qué problema tenía?
3 ¿Qué hizo?
4 ¿Qué solución reclama?

Estimado/-a Sr. / Sra.:
Le escribo para presentar una reclamación por un producto que compré en su tienda y también para quejarme por la atención recibida por el dependiente.

El pasado viernes, 12 de febrero, compré un ordenador portátil en su tienda del centro comercial La Estrella. Cuando llegué a casa, el ordenador no funcionaba. Al día siguiente fui a hacer la devolución. La dependienta me dijo que solo podía devolverme el dinero si llevaba el ordenador en su caja original. Cuando regresé al día siguiente con el ordenador en su caja, otro dependiente me dijo que no me podían devolver el dinero, que solo podían cambiarme el ordenador por otro y que no existía ninguna otra posibilidad.

Al final, me dieron otro ordenador y al llegar a casa tampoco funcionaba. Así que le pido que me hagan la devolución del dinero inmediatamente. Si no tengo una respuesta en las próximas dos semanas, presentaré la reclamación en la Oficina de Defensa del Consumidor.

Esperando su respuesta, se despide atentamente,

Emilio Álvarez

6 **Pon la siguiente información en el orden en el que aparece en la carta de Emilio.**

DETALLES DE LA QUEJA · EXPLICACIÓN DEL MOTIVO DE SU CARTA · QUÉ VA A HACER SI NO LE OFRECEN UNA SOLUCIÓN · RECLAMACIÓN DE UNA SOLUCIÓN · DÓNDE Y CUÁNDO EMPEZÓ EL PROBLEMA

7 **Imagina que has comprado algo que no funciona o tiene un defecto y escribe un correo de reclamación, siguiendo el orden del ejercicio 3.**

1 **¿Has oído hablar de la Feria de Abril de Sevilla? ¿Sabes cómo son los trajes para bailar flamenco? ¿Qué complementos llevan?**

2 35 **Lee y escucha.**

El flamenco

El flamenco es un género español de música y danza que se originó en Andalucía en el siglo XVIII, que tiene como base la música y la danza andaluza y en cuya creación tuvieron un papel fundamental los gitanos andaluces. El cante, las palmas y el baile son las principales facetas del flamenco.

El traje flamenco

El traje de flamenca ha evolucionado con los años. Al principio lo llevaban las gitanas y campesinas cuando iban a la feria de ganado de Sevilla. Sus ropas eran humildes, pero con el paso del tiempo se convirtieron en vestidos de fiesta con volantes y escotes de pico, adornados con complementos: flores en el pelo, collares, pendientes y mantones de manila.

La Feria de Abril de Sevilla

Desde mediados del siglo XIX, la Feria de Abril de Sevilla se ha convertido en la fiesta flamenca más colorida y alegre de España. El cante y el baile típicos de esta Feria son las sevillanas, que se bailan en parejas, vestidos con los trajes flamencos.
Los coches de caballos son el único medio de transporte autorizado en la Feria. Es aconsejable que vayas a la Feria con un amigo sevillano, porque te llevará en un coche de caballos y por la noche visitarás las casetas de la Feria, donde podrás bailar sevillanas durante toda la noche.

3 **¿Son las afirmaciones verdaderas o falsas ? Convierte las frases falsas en verdaderas.**

1 El flamenco nació en el norte de España.
2 El flamenco era la música que cantaban y bailaban los gitanos.
3 Los trajes de flamenca siempre fueron utilizados para bailar flamenco.
4 La Feria de Sevilla se celebra en primavera.
5 La Feria de Abril de Sevilla en la actualidad es una feria de compra y venta de ganado.
6 Las sevillanas son un baile individual.
7 Puedes visitar la Feria de Sevilla en moto.
8 Las casetas de baile cierran por la noche.

Reflexión y evaluación

1 **En la tienda de complementos me compré un cinturón, unos pendientes y…**

a unos vaqueros
b una falda
c un collar

2 **Me está muy grande. Tengo que comprar una … más pequeña.**

a caja
b talla
c dependienta

3 **¿Te has probado la camisa? Te tiene que … muy bien.**

a sentar
b probar
c mirar

4 **Soy … habitual de esa tienda. Siempre me compro algo allí.**

a dependiente
b cliente
c vendedor

5 **Si no admiten tarjeta de crédito, pagaré en…**

a billetes
b monedas
c efectivo

6 **Estás cansado. Espero que…**

a descanses
b descansa
c descansaba

7 **Dile a Pablo y a Juan que … comida para la fiesta.**

a compran
b compren
c compres

8 **Espero que lo … muy bien en la fiesta de Laura.**

a paséis
b pasáis
c pasasteis

9 **Espero que Marta no se lo … a Antonio.**

a dice
b digo
c diga

10 **Mis abuelos necesitan que una enfermera … de ellos.**

a cuide
b cuidan
c cuida

11 **Mi madre me ha pedido que … la compra este fin de semana.**

a hago
b hace
c haga

12 **Espero que … a dar un paseo cuando terminemos esto.**

a salimos
b salíamos
c salgamos

13 **Quiero que mis primos … a verme**

a venían
b vengan
c vienen

14 **No me gusta esperar. Así que quiero que … puntuales.**

a seáis
b sois
c sea

15 **Conduce despacio. No … prisa.**

a tengan
b tengáis
c tengas

16 **Me he comprado unos vaqueros … y un cinturón haciendo juego.**

a negro
b negras
c negros

17 **Estos guantes me están…**

a pequeños
b pequeñas
c pequeño

18 **¿Por qué llevas esas botas con unos tacones tan…?**

a alto
b altas
c altos

19 **Esos pendientes son muy…**

a largo
b largos
c largas

20 **He metido en la maleta una mochila … para los viajes.**

a pequeño
b pequeñas
c pequeña

21 **Es un poco caro. Espero que me hagan un…**

a devolución
b rebaja
c descuento

22 **Voy a comprar un anillo en esta…**

a librería
b joyería
c zapatería

23 **Si no quiere cambiarlo por otro, podemos hacerle la … del dinero.**

a descuento
b oferta
c devolución

24 **¿Dónde hay un …? Necesito sacar dinero.**

a supermercado
b cajero automático
c cafetería

Periodismo y actualidad

5

VOCABULARIO ▸ Prensa ▸ Secciones del periódico ▸ Periodistas deportivos

GRAMÁTICA ▸ Pretérito imperfecto ▸ Pretérito imperfecto / Pretérito indefinido ▸ Imperativo afirmativo y negativo

COMUNICACIÓN ▸ El País de los Estudiantes ▸ Pedir información

COMUNICACIÓN Y VOCABULARIO ▸ Profesionales de prensa, radio y televisión

DESTREZAS ▸ Cómo convertirse en corresponsal de guerra ▸ Cartas al director ▸ Conectores

CULTURA ▸ ¿Qué es un bloguero?

1 Relaciona el siguiente vocabulario con las imágenes. Después, escucha y comprueba.

periódico • revista • periodista • titular • anuncio • fotógrafo/-a • entrevista • noticia • quiosco • portada

"Quiero que nos veamos para hablar con tranquilidad de lo nuestro" 1

2

3

4

5

El fútbol vaticina un duro castigo para Pepe

Competición le sancionará para lo que resta de Liga por su conducta violenta

"Antes, el fútbol era más duro porque no había televisión; ahora hay que ir con cuidado, porque las cámaras te pillan y te pueden complicar la vida". Las palabras de Pepe, reflejadas en una entrevista con EL PAÍS el pasado 7 de febrero, parecen ahora una premonición. El martes, el central del Real Madrid se olvidó de la *tele* y pateó con saña a Casquero, del Getafe, cuando éste estaba en el suelo. Luego insultó gravemente a los árbitros. Su club le anunció ayer que será multado, aunque no especificó la cuantía. Fuentes de Competición sostuvieron que el jugador se perderá al menos los seis partidos que restan de Liga. PÁGINAS 56 Y 57

6

7

8

9

10

2 Relaciona estos titulares con las siguientes secciones del periódico.

1 Deportes
2 Artículos de opinión
3 Cartelera
4 Economía
5 Sociedad
6 Cultura
7 Nacional
8 Internacional
9 Editorial

a) Los líderes mundiales reaccionan ante el cambio climático

b) El mal tiempo provoca inundaciones en todo el país

c) FUERTES BAJADAS EN LA BOLSA AMERICANA

d) Los Reyes de España veranean en Palma de Mallorca

e) Nuestro periódico opina que…

f) Distintas posturas sobre el fenómeno de la emigración

g) ¿Volverá FERNANDO ALONSO a ganar el mundial de Fórmula 1?

h) Vargas Llosa publica su última novela

i) Salas de cine en versión original

3 Completa las frases con el vocabulario de los ejercicios 1 y 2.

1 Al Presidente le hicieron una .... en el Palacio de la Moncloa.
2 ¿Entiendes este ....? «BAJAN LOS TIPOS DE INTERÉS»
3 La foto de la primera página la hizo un .... argentino.
4 Distintos científicos escribieron .... sobre el agujero de la capa de ozono.
5 El trabajo de un .... es escribir sobre las .... de cada día.
6 Cada día hay más .... de coches en el ....
7 Me gustan los .... de este periódico, suelo estar de acuerdo con ellos.
8 Según la .... del periódico, la película empieza a las seis.
9 Podrás encontrar los resultados de los partidos de fútbol del domingo en la sección de ....
10 En la .... del periódico aparecen las noticias más importantes de la actualidad.

4 37 Lee y escucha el texto. Después, elige la respuesta correcta para cada pregunta.

PERIODISTAS DEPORTIVOS

Hace varios años mi periódico me envió a China para hacer un reportaje sobre unos campeonatos de fútbol internacional entre estudiantes de distintos países del mundo en Pekín.

Conocí a varios estudiantes de periodismo y todos querían saber cuánto dinero ganaba, cuántos países había visitado, que si conocía a Cristiano Ronaldo o a Messi... En China, el periodismo deportivo se consideraba un trabajo ideal y los estudiantes chinos estaban fascinados por los periodistas deportivos extranjeros.

Varios años después regresé a China. Me encontré con uno de los estudiantes que conocí en mi visita anterior, Jie Xeng. Trabajaba para la agencia de noticias más importante de China y le pregunté por su vida como periodista deportivo. Me dijo que algunas veces era una vida fantástica pero que también era muy estresante, había que viajar mucho y la gente del mundo deportivo no siempre era muy amable.

Jie ha descubierto la dura realidad de la vida de un periodista deportivo. No basta con escribir bien y tener un buen conocimiento del mundo del deporte. Además es necesario estar preparado para hacer frente a muchos otros problemas.

En mi última visita a Pekín, donde se celebraba un importante torneo de baloncesto internacional, para ir del hotel al estadio tardé más de tres horas debido a los problemas de tráfico. Durante los cuatro días que duró el torneo perseguí a muchos jugadores y entrenadores, pero todos ellos estaban demasiado ocupados

como para concederme una entrevista. Cuando terminó el torneo, escribí mi reportaje y lo envié a mi periódico. Cuando por fin regresé a mi hotel a medianoche, todo estaba cerrado, incluido el restaurante.

Ser periodista deportivo puede parecer un trabajo fantástico, pero no podemos olvidar que en esta profesión hay tantos momentos mágicos como situaciones difíciles.

1 ¿Cuál es la intención del escritor en este artículo?
 a Informar a los lectores sobre una visita a China.
 b Animar a la gente joven a viajar.
 c Ofrecer una descripción realista de su trabajo.

2 ¿Por qué viajó el escritor a China por primera vez?
 a Lo enviaron sus jefes.
 b Esperaba entrevistar a algún deportista famoso.
 c Lo invitaron para dar una conferencia sobre periodismo.

3 ¿Cuando el escritor se encontró en su segundo viaje con Jie Xeng, este…
 a … no quería trabajar como periodista.
 b … no reconoció al escritor.
 c … trabajaba como periodista deportivo.

4 ¿Qué comenta el escritor sobre su reportaje del torneo de baloncesto?
 a Tenía problemas para contactar con su periódico.
 b Nadie tenía tiempo para hablar con él.
 c No llegó a tiempo a una entrevista por culpa del tráfico.

Pretérito imperfecto

Pretérito imperfecto / indefinido

Los campeones de Europa
ganaban 1-0 cuando el árbitro suspendió el partido

El **pretérito imperfecto** expresa acciones habituales, descripciones y acciones en desarrollo en el pasado.

*Yo antes **estudiaba** piano, pero ahora no.* (acción habitual)

***Tenía** el pelo largo cuando **tenía** diez años.* (descripción)

*Cuando **salía** del instituto, empezó a llover.* (acción en desarrollo en el pasado)

El **pretérito indefinido** expresa acciones realizadas en un momento concreto del pasado que se presentan terminadas.

*El año pasado no **salí** de vacaciones.* (momento concreto del pasado)

1 **Utiliza el pretérito imperfecto de los siguientes verbos para completar el texto.**

querer • discutir • ser (x2) • hablar • abrir • comprar
recibir • votar • vivir • preferir • acordarse • estar

Cuando mi familia y yo [1] .... en Madrid, mi padre siempre [2] .... el periódico en un quiosco al lado de mi casa. El vendedor de periódicos y mi padre [3] .... muy amigos y [4] .... todos los días de las últimas noticias políticas y deportivas. Los dos [5] .... todos los lunes, porque el vendedor [6] .... del Atlético de Madrid y mi padre [7] .... al Real Madrid. Tampoco [8] .... de acuerdo en política porque cada uno [9] .... a un partido político diferente. A pesar de todo, se [10] .... mucho.

Unos años después, cuando nos fuimos a vivir a Valencia, mi padre [11] .... todos los días el periódico por correo, pero yo creo que cuando lo [12] ...., siempre [13] .... de su viejo amigo del quiosco de Madrid.

2 **Laura era estudiante de Periodismo, hasta ayer, que empezó a trabajar en una emisora de radio. Su vida ha cambiado; escribe las frases, como en el ejemplo.**

Antes iba a clase por la mañana.
Ayer fue a trabajar a la emisora.

ANTES
ir / a clase por la mañana
1 comer / en la facultad
2 sus amigos / salir / con ella por las tardes
3 estudiar / en la biblioteca
4 su amiga Ana y ella / ir / al gimnasio dos tardes a la semana
5 nunca / ser / puntual

AYER
ir / a trabajar a la emisora
1 sus nuevos compañeros y ella / comer / en un restaurante
2 trabajar / hasta muy tarde
3 llevarse / trabajo para casa
4 Ana y ella / no poder / ir juntas al gimnasio
5 llegar / la primera al trabajo

3 Completa el texto con la forma correcta (pretérito imperfecto o pretérito indefinido) del verbo entre paréntesis.

Bio | Noticias | Giras | Producciones | Galería

Un artista solidario

Nacho Cano es un compositor, músico y productor español, especialmente conocido por pertenecer al grupo de música pop Mecano.

[1] .... (nacer) en Madrid en 1963. [2] .... (ser) el pequeño de una familia de cuatro hermanos. En su casa [3] .... (estar) prohibido escuchar música moderna, porque a sus padres solo [4] .... (gustar) el flamenco. No [5] .... (tener) radio ni tocadiscos, pero él en sus ratos libres [6] .... (comenzar) a tocar la guitarra.

En 1977, [7] .... (empezar) a tocar en un grupo con unos amigos. Un poco más tarde, su hermano José María y él [8] .... (conocer) a Ana Torroja y [9] .... (formar) el grupo Mecano.

Después de la ruptura del grupo en 1998, Nacho Cano [10] .... (continuar) su carrera en solitario.

El cantante [11] .... (visitar) la India en varias ocasiones y mientras [12] .... (realizar) un curso de yoga y meditación [13] .... (conocer) a la Madre Teresa de Calcuta, con la que [14] .... (colaborar) en varios proyectos benéficos y posteriormente [15] .... (fundar) una asociación para ayudar a las niñas pobres de la India.

4 De las siguientes frases, ocho contienen errores gramaticales. Di cuáles y corrígelas.

1 David y Jaime tenían un perro que se llamó Situ.
2 Cuando mi abuelo tenía setenta años, fumó en pipa.
3 Mis padres vivían en Barcelona y eran profesores.
4 Los periódicos antes fueron más grandes.
5 Ángel y yo jugábamos un partido de tenis el domingo pasado.
6 Cuando llegué, mis amigos me esperaron.
7 Cuando venían mis tíos, mi madre hizo una paella.
8 El año pasado estuvimos en París.
9 Cuando fue joven, mi abuela trabajaba en una pastelería.
10 El sábado vi una película y me gustaba mucho.

5 GRAMÁTICA

Imperativo

Colocación de los pronombres

- Con el **imperativo afirmativo** los pronombres van detrás y en la misma palabra:
  Imperativo + objeto directo: ***lée<u>los</u>*** (los = OD)
  Imperativo + objeto indirecto + objeto directo: ***lleváo<u>slos</u>*** (os = OI, los = OD)
- Con el **imperativo negativo** los pronombres van entre la negación y el verbo:
  No los compres.
  No se los lleves.

5 Observa las formas del imperativo en los anuncios anteriores y completa la tabla.

	comprar		leer		escribir	
	Afirmativo	Negativo	Afirmativo	Negativo	Afirmativo	Negativo
tú	[1]	[2]	[5]	no leas	[8]	no escribas
usted	compre	no compre	lea	no lea	escriba	[10] ......
vosotros/-as	comprad	[3]	leed	[6]	[9]	no escribáis
ustedes	compren	[4]	lean	[7]	escriban	no escriban

6 Mira en el *Resumen Gramatical* los imperativos de los verbos irregulares y completa las frases.

1 (Venir / tú) .... a mi casa cuando acabes los deberes.
2 Sr. González, (tener) .... cuidado con el escalón.
3 Niños, (poner) .... la mesa.
4 Ana, (cerrar) .... la ventana.
5 Laura, (conseguir) .... los apuntes de hoy.
6 (No hacer / vosotros) .... el ejercicio 5. Os lo explicaré mañana.
7 Chicos, (no venir) .... tarde. Vienen los abuelos a cenar.
8 No se olviden: (traer) .... las invitaciones para poder visitar la exposición.
9 Chicas, (no ir) .... al concierto hoy. Iremos mañana todos juntos.
10 Mamá, por favor, (hacer) .... la cena que tengo mucha hambre.

7 Contesta a las preguntas, como en el ejemplo.

- *¿Lo escribo en la pizarra?*
- *Sí, escríbelo.*

1 • ¿Te leo el trabajo que he hecho?
■ Sí, ...

2 • ¿Llamo a María por teléfono?
■ No, ...

3 • ¿Quieres que compre las entradas para el partido?
■ Sí, ...

4 • ¿Puedo llevarme el portátil a mi habitación?
■ Sí, ...

5 • ¿Compro la tarta para el cumpleaños de Laura?
■ No, ...

6 • ¿Le dejo la bicicleta al hermano de Alberto?
■ Sí, ...

1 **Lee el póster informativo sobre el concurso de EL PAÍS DE LOS ESTUDIANTES y contesta a las preguntas.**

1 ¿A partir de qué día podéis registraros por equipos?
2 ¿Qué crees que es «El más informado»?
3 ¿Hasta qué día podéis entregar vuestro periódico digital?

EL PAÍS de los estudiantes

CALENDARIO DE ACTIVIDADES

¡Ya podéis inscribiros!

20 de octubre: inicio del programa.

En noviembre empiezan nuestros juegos:
[1].........: «El más informado»
[2].........: «Trivial»

29 de marzo: Acaban «El más informado» y el«Trivial»

3 de abril: final del programa. ¡Atención: última fecha para entregar los periódicos digitales!

[3].........: Publicación de la lista de finalistas en **[4]**.........

[5].........: Entrega de premios en **[6]**.........

2 **Escucha y completa la información del póster.**

3 **Lee y escucha la conversación entre Iván y su profesora.**

Gema: Bueno, chicos, creo que puede ser muy interesante que nos apuntemos al concurso de EL PAÍS DE LOS ESTUDIANTES.
Iván: Pero, Gema, ¿tú sabes exactamente en qué consiste?
Gema: Vamos a elaborar un periódico por internet.
Iván: ¿Cómo tiene que ser?
Gema: Debe estar formado por una portada y, por lo menos, dos de estas secciones: sociedad, cultura, deportes, medioambiente y tema libre.
Iván: ¿Quiénes pueden participar?
Gema: Cada profesor puede participar con un grupo de 20 o 25 alumnos de Secundaria.
Iván: ¿Qué necesitamos?
Gema: Solo un ordenador con acceso a internet.
Iván: ¿Qué tenemos que hacer para empezar a trabajar?
Gema: Lo primero es repartir las tareas entre los miembros del equipo: los diseñadores, los redactores, los fotógrafos, los ilustradores, el corrector... Después, establecer un calendario de trabajo.
Iván: ¿Qué premios ofrece el programa?
Gema: Para el colegio varias colecciones de libros sobre pintura, historia y música, y material informático para el centro; y para vosotros, consolas, videojuegos, viajes de fin de curso y muchos premios más.

PEDIR INFORMACIÓN
-¿En qué consiste?
-¿Quién puede participar?
-¿Qué necesitamos?
-¿Qué tenemos que hacer para empezar?

4 **Tu compañero va a organizar una actividad (un partido de fútbol, una fiesta de cumpleaños, una acampada en la montaña...). Habla con él y pregúntale qué tienes que hacer para participar. Utiliza las preguntas del ejercicio 3.**

1 Relaciona las fotografías con el vocabulario sobre los profesionales de prensa, radio y televisión.

diseñador(a) de páginas web • redactor(a) de noticias • ilustrador(a) • corrector(a) de textos • locutor(a) de radio • director(a) de programas / periódicos • entrevistador(a) • corresponsal en el extranjero • bloguero/-a • presentador(a)

1

2

3

4

5

6

7

8

9

10

2 Relaciona cada profesión con el trabajo que realiza.

1 diseñador(a)	a presentar
2 redactor(a)	b ilustrar
3 ilustrador(a)	c diseñar
4 corrector(a)	d dirigir
5 presentador(a)	e entrevistar
6 director(a)	f redactar
7 entrevistador(a)	g corregir

3 Clasifica a los profesionales del ejercicio 1 en cuatro categorías. Algunos pueden aparecer en más de una.

Prensa escrita	
Radio	
Televisión	
Internet	

4 Completa las frases con el vocabulario del ejercicio 1.

1 Los ………… escriben las noticias que luego leemos en los programas informativos.
2 Nuestro ………… en Escocia nos ha informado sobre los resultados de las elecciones.
3 Vamos a pedirle a nuestra ………… que realice unos dibujos relativos a esta noticia.
4 El autor de esta página web es un ………… muy experto.
5 La ………… tiene que corregir las faltas de ortografía y redacción antes de la edición del periódico.
6 El ………… del concurso de televisión Pasapalabra siempre gasta bromas a los concursantes.
7 La ………… de Radio Jazz tiene una voz muy bonita.

5 (40) Escucha los siguientes diálogos. ¿De qué trabajos están hablando?

LEER

1 (41) Lee y escucha el artículo y después contesta a las preguntas.

Cómo convertirse en corresponsal DE guerra

En tiempos de guerra, la sociedad necesita saber qué está pasando en el campo de batalla. Un corresponsal de guerra cuenta las noticias de primera mano. Si estás decidido a convertirte en corresponsal de guerra, debes tener siempre bien en cuenta que trabajarás justo en el centro de la acción.

Instrucciones:

1. Obtén el título de periodismo. Es necesario ser un excelente escritor y comunicador.
2. Prepárate mental y emocionalmente para las condiciones de vida de un corresponsal de guerra. Escribir informes de prensa y noticias es una cosa, pero ver de frente la muerte es otra muy distinta.
3. Tienes que estar muy interesado por conocer los sentimientos y los problemas de los soldados con quienes viajas y de los ciudadanos con quienes entras en contacto.
4. Considera la posibilidad de trabajar como cámara, así tendrás más posibilidades de ir al frente para convertirte en un auténtico corresponsal de guerra.
5. Empieza trabajando en una cadena de televisión y comunica a tu director que quieres convertirte en corresponsal de guerra y que estás dispuesto a arriesgarte e ir a los lugares en conflicto.
6. Comprueba tu estado de salud. Una vez convertido en corresponsal, cuando te envíen al frente, debes estar preparado para los viajes largos y difíciles.

Extraído de http://www.ehowenespanol.com

1 ¿Por qué es importante el trabajo de un corresponsal de guerra?
2 ¿Qué formación necesita un buen corresponsal de guerra?
3 ¿Con qué personas se relaciona un corresponsal de guerra?
4 ¿Qué otra profesión le puede ayudar a realizar su trabajo?
5 ¿Dónde debería empezar a trabajar un periodista antes de ser corresponsal de guerra?

ESCUCHAR

2 (42) Escucha la conversación sobre la novela de la corresponsal de guerra Mayte Carrasco y di si las afirmaciones son verdaderas o falsas. Después, corrige las frases falsas.

1 La novela de Mayte Carrasco trata de una reportera en la guerra de Siria.
2 Los periodistas y las periodistas tienen los mismos problemas en la guerra.
3 El chaleco antibalas no es de su talla.
4 Siempre se aloja con sus compañeros en hoteles de lujo.
5 Según la autora, los corresponsales de guerra viajan con un equipo formado por un editor, un fotógrafo y un locutor de radio.

HABLAR

3 Prepara cinco preguntas para entrevistar a tu compañero, que trabaja como corresponsal de guerra. Utiliza las ideas de los ejercicios 1 y 2.

ESCRIBIR

4 **Lee la carta dirigida al director de la revista EPS y completa la información con las siguientes palabras. Después, escucha y comprueba.**

entrevista • portada • prensa • retrato • revista

«Me alegran sus éxitos...»

CARTA DE LA SEMANA

Penélope Cruz es una persona a la que admiro. Me alegran sus éxitos como los de un amigo y me alegra su continua presencia en [1] ......, televisión y cine desde su adolescencia, que coincide con la mía. Me ha gustado mucho la [2] ...... que le han hecho, publicada en su número del domingo pasado, **por eso** les escribo para decirles que leo asiduamente su [3] ...... porque disfruto con la visión que sus profesionales muestran de los acontecimientos y de las personas. También me gustan mucho las entrevistas donde se ofrece un [4] ...... de la persona famosa, entrando en sus opiniones, en su historia y en sus experiencias personales, **sin embargo**, nunca entran en el cotilleo de su vida íntima. **Aunque** estoy acostumbrado a buscar en la [5] ...... de su revista reportajes de gran calidad e interés, no dejan de sorprenderme cada semana. **Por lo tanto**, espero seguir leyéndolos todos los domingos. Gracias por su trabajo.

(P. R. Correo electrónico)

5 **Forma frases relacionando las dos columnas y utilizando los siguientes conectores. Es posible más de una solución.**

por eso • sin embargo • aunque • por lo tanto

1 No nos dijo nada, ...	a ... tenemos la misma edad.
2 Es muy famosa, ...	b ... sabía la verdad.
3 Sus padres son extranjeros, ...	c ... ella es española.
4 Ella y yo nacimos en el mismo año, ...	d ... aparece en las revistas.

6 **Escribe una carta dirigida al director de un periódico o revista contándole qué opinas de su publicación. Empieza haciendo referencia a un reportaje, artículo o entrevista que leíste y te gustó o no. Después explica por qué te gustan o no normalmente sus artículos. Justifica tu respuesta, utilizando los conectores, que aparecen en azul en la carta del ejercicio 4.**

- ¿Qué artículo has leído?
- ¿En qué sección del periódico estaba?
- ¿Por qué escribes al director?
- ¿Qué es lo que más te interesa de esta publicación?
- ¿Qué quieres que cambie?
- ¿Qué esperas encontrar en los próximos números?

1 **¿Tienes tu propio blog? ¿Conoces alguno en especial?**

2 **Lee el texto y contesta a las preguntas.**

¿QUÉ ES UN BLOGUERO?

Inicio | Discusión | Historia | Contacto

Tener un blog

En la actualidad muchas personas quieren tener un blog y muchas otras ya lo tienen; sin embargo, no todos realmente comprenden el concepto de ser bloguero. ¿Qué es?, ¿de qué se escribe?, ¿cómo se escribe?, ¿es necesario ser escritor, experto o periodista?, ¿qué se necesita?

Cualquier persona que lo desee puede comenzar un blog, basta tan solo sentir ganas de comunicar algo o ser apasionados por algún tema en especial.

No necesitas ser experto, ni periodista o escritor, tampoco necesitas estudios concretos, aunque sí necesitas tener un conocimiento básico sobre cómo utilizar plataformas digitales, escribir correos electrónicos, comunicarte en las redes sociales, subir fotos a la red... ¡No te preocupes, ninguno de estos aspectos es complicado!

Sin embargo, llevar un blog adelante tampoco es tan sencillo. Millones de blogs se abren al día y solo un mínimo porcentaje se mantienen con vida a través de los meses y años. Por eso, resulta imprescindible elegir un tema que nos apasione, para no aburrirnos y encontrar siempre nuevas inspiraciones y energía para actualizarlo.

Un blog no es una revista, no es un periódico, no es una enciclopedia, no es radio ni televisión, tampoco es un libro, es un diario personal.

Poco a poco irás encontrando tu voz, tu manera de expresarte, irás desarrollando, definiendo y

puliendo tu personalidad bloguera. Y para ello vas a necesitar tiempo, no solo para tus creaciones (escribir el artículo, editar las fotos, editar el texto) sino para investigar, actualizarte, participar en las redes sociales, y por otro lado constancia para mantener un ritmo saludable de entradas subidas a tu blog.

Si quieres hablar de lo mismo que todo el mundo, está bien, ese no es el problema, pero hazlo desde tu interior, con tus palabras, imagina que te encontraste con un amigo en la esquina y os pusisteis a hablar ¡esa es la esencia de un blog! Escribe en un tono coloquial, tus ideas, tus pensamientos, tus reflexiones, tu manera de ver la vida.

Sigue estos consejos y verás los resultados. ¿Te animas a comenzar?

Extraído de *http://blogsespanol.about.com*

1 ¿Qué es lo primero que necesitas para escribir un blog?
2 ¿Qué conocimientos tienes que tener para crear un blog?
3 ¿Qué te va a ayudar a mantener el blog a lo largo del tiempo?
4 ¿En qué se diferencia un blog de un periódico?
5 ¿Qué actividades son necesarias para mantener un blog?

3 **Comenta con tu compañero: ¿sobre qué tema crearías un blog?, ¿de qué tratarían tus primeras entradas?**

Reflexión y evaluación

1 Mi padre compra el ... todos los días.

a periodista
b periódico
c titular

2 Los ... de una noticia van escritos con letras más grandes.

a anuncios
b artículos
c titulares

3 En la sección ... se pueden leer noticias de todo el mundo.

a Internacional
b Nacional
c Cultura

4 La noticia de la boda de los príncipes de Dinamarca apareció en la sección de ... del periódico.

a Deportes
b Cultura
c Sociedad

5 Pídele al señor del ... que te dé mi revista, por favor.

a periódico
b quiosco
c bar

6 David antes ... la guitarra.

a toca
b tocaba
c tocó

7 Cuando mis hermanos y yo ... pequeños, ... en Cádiz.

a era / vivía
b eran / vivían
c éramos / vivíamos

8 Cuando yo ... cinco años, ya ... en bici.

a tenía / montaba
b tuve / monte
c tengo / monto

9 El verano pasado, mi primo y yo ... al río todos los días.

a vamos
b iremos
c íbamos

10 Mis padres de pequeños ... la televisión en blanco y negro.

a veía
b veían
c veías

11 Antes los inviernos ... más fríos que ahora.

a eran
b son
c es

12 No me ... la revista porque no ... dinero.

a compraba / llevé
b compré / llevé
c compré / llevaba

13 El domingo ... una revista en la que ... a Pau Gassol.

a leí / entrevistaban
b leía / entrevistaban
c leo / entrevistan

14 Félix se ... de casa porque ... muchas escaleras.

a cambiaba / había
b cambió / había
c cambió / hubo

15 Cuando ... a casa, la televisión ... encendida.

a llegué / estuvo
b llegaba / estaba
c llegué / estaba

16 Cuando ... al colegio, mi profesor de español ... muy simpático.

a iba / era
b fue / era
c iba / eran

17 Si no te quieres caer de la bici, ... hacia delante y no te...

a mire / distraigas
b mira / distraes
c mira / distraigas

18 Para mañana ... los ejercicios y no os ... de repasar el vocabulario.

a hagáis / olvidéis
b haced / olvidéis
c haced / olvidad

19 Por favor, al salir del estadio, ... despacio y no...

a van / empujan
b vais / empujáis
c vayan / empujen

20 Si hay tormenta, ... la luz y no ... el ordenador.

a apagad / encendáis
b apaguéis / encendáis
c apagad / encended

21 Conectamos con nuestro ... en Londres para que nos hable de las últimas inundaciones.

a ilustrador
b corrector
c corresponsal

22 Me gustaría ... al presidente.

a redactar
b entrevistar
c diseñar

23 Pablo tiene un ... muy interesante sobre nutrición.

a blog
b anuncio
c cartelera

24 Me gustan mucho los dibujos de esta...

a ilustradora
b bloguera
c entrevistadora

¡Nos vamos de concierto!

6

VOCABULARIO	▶ Músicos e instrumentos musicales ▶ Mayumana
GRAMÁTICA	▶ Pretérito pluscuamperfecto ▶ Pretérito indefinido / Pretérito pluscuamperfecto ▶ Adverbios de modo
COMUNICACIÓN	▶ Gira de Alejandro Sanz
COMUNICACIÓN Y VOCABULARIO	▶ Adjetivos positivos y negativos
DESTREZAS	▶ *El Rey León*, el musical ▶ Escribe sobre tu grupo favorito
CULTURA	▶ A los jóvenes españoles les encanta la música

1 Escribe el nombre de los músicos. Fíjate en el ejemplo. Después, escucha y comprueba.

1 violín *violinista*
2 piano
3 bajo
4 trompeta
5 saxofón
6 flauta
7 arpa
8 clarinete
9 acordeón
10 guitarra

2 Clasifica los siguientes instrumentos. Algunos se utilizan en varios tipos de música.

guitarra eléctrica • guitarra española • batería • castañuelas • piano • arpa • violín • saxofón • órgano • armónica • contrabajo • bajo eléctrico • trompeta

ROCK	CLÁSICA	*JAZZ*	FLAMENCO

3 Completa el texto con las siguientes palabras.

director • cantante • batería • bajista • concierto • grupo • compositores • coro • guitarrista • orquesta

Si vas a un [1] .... de música clásica, en el escenario verás una [2] .... dirigida por un [3] ...., a veces acompañada por un [4] .... con distintas voces.

Pero si vas a un concierto de música *rock*, verás un [5] .... La mayoría de los grupos tienen un [6] .... (la voz del grupo), un [7] .... (a cargo de la guitarra de seis cuerdas), un [8] .... (con otra de cuatro cuerdas) y un [9] .... (encargado de la percusión).

A veces ellos mismos son los [10] .... y escriben las letras y la música de sus canciones.

4 **¿Qué son o fueron estas personas? Relaciona.**

director de orquesta • violinista • cantante de flamenco
guitarrista • cantante de *rock* • compositor

1 Mick Jagger

2 Wolfgang A. Mozart

3 Vanessa Mae

4 Paco de Lucía

5 Leonard Bernstein

6 Estrella Morente

5 **Elige la palabra correcta. Después, escucha y comprueba.**

Javier: Sí, ¿dígame?

Sara: Hola, Javier, ¿nos vamos este sábado a ver el **[1] espectáculo / centro comercial** de Mayumana? Es un montaje nuevo con muchos **[2] discos / instrumentos de percusión**.

Javier: Vale…, pero… ¿cuánto cuestan **[3] las entradas / los billetes**?

Sara: No son muy caras. Creo que cuestan 10 €.

Javier: ¿A qué hora empieza?

Sara: A las ocho de la tarde.

Javier: Entonces tendremos que ir dos horas antes para hacer la **[4] espera / cola** en la **[5] taquilla / ventana**.

Sara: No, podemos comprar las entradas por teléfono. También podemos comprarlas por internet.

Javier: Vale. Voy a llamar a Marcos a ver si se viene con nosotros.

6 **Ahora ordena la siguiente conversación. Después, escucha y comprueba.**

–¿Cuándo es?
–No, creo que solo cuesta 10 €.
–Vale, venga. Me voy con vosotros.
–El sábado a las ocho de la tarde.
–No, vamos a sacarlas por internet.
–¡Hola, Marcos! Me ha llamado Sara para ver si vamos a ver a Mayumana. ¿Qué te parece? ¿Te vienes con nosotros?
–¿Sí, dígame?
–Sí, ese día sí puedo, pero… será muy caro.
–¿Seguro que es ese precio? ¿Ya tenéis las entradas?

7 **En grupos de tres, llama a un amigo para quedar para ir a un concierto. Después, tu compañero llamará a otro amigo.**

8 **Relaciona las siguientes palabras con sus significados.**

GIRA • TAMBORILERO • ESPECTÁCULO • RITMO • DANZA

1 Función que se realiza para divertir o entretener al público.
2 Movimientos del cuerpo que siguen un ritmo musical.
3 Persona que toca el tambor.
4 Serie de actuaciones de una compañía de teatro, de una orquesta o de un artista en diferentes poblaciones.
5 Combinación armónica de sonidos y pausas.

9 **¿Verdadero o falso? Escucha la audición. Después, corrige las frases falsas.**

1 Mayumana es un grupo de música electrónica.
2 Todos los componentes del grupo son especialistas en danza africana.
3 Utilizan instrumentos de percusión tradicionales.
4 Sus actuaciones son sorprendentes y originales.
5 Sus espectáculos están basados en composiciones orientales clásicas.

Pretérito pluscuamperfecto

yo	**había**		
tú	**habías**		**empezado**
él / ella / Ud.	**había**	+	**ido**
nosotros/-as	**habíamos**		**visto**
vosotros/-as	**habíais**		
ellos / ellas / Uds.	**habían**		

- Se forma con el pretérito imperfecto del verbo *haber* y el participio del verbo correspondiente.
- Usamos el **pretérito pluscuamperfecto** para referirnos a acciones pasadas anteriores a otras acciones pasadas.

Cuando llegué a casa, mis padres ya ***habían visto*** *la película.* («ver la película» es anterior a «llegar a casa»)

1 **Completa el texto con el pretérito pluscuamperfecto de los verbos entre paréntesis.**

Ayer me encontré con Jesús y me contó que el fin de semana se lo [1] .... (pasar) muy bien. [2] .... (venir) sus amigos de Málaga. Su hermano los [3] .... (invitar) a comer en una pizzería y les [4] .... (regalar) unas entradas para ir al partido del Real Madrid contra el Málaga.

El domingo aprovecharon para ir al parque de atracciones porque sus amigos le dijeron que nunca [5] .... (ir). Cuando llegaron al parque, todavía no [6] .... (abrir) y estuvieron allí hasta una hora antes de la salida del tren.

2 **Usa el pretérito indefinido o el pretérito pluscuamperfecto con la forma correcta de los siguientes verbos para completar las frases.**

no desayunar • no hacer • llegar
empezar • ducharse • irse • olvidarse

1 Eran las ocho y todavía no ....
2 Me vestí y salí corriendo, pero el autobús ya ....
3 Llegué tarde y la clase ya ....
4 A la hora del recreo me di cuenta de que .... el bocadillo en casa.
5 Estaba muerto de hambre porque ....
6 El profesor se enfadó conmigo porque .... los deberes.
7 Cuando llegué a casa, mis padres .... y estaban cenando.

3 Forma frases como la del modelo.

La clase / empezar / a las 8:30. Yo / llegar / a las 8:40.
Cuando yo llegué, la clase ya había empezado.

1 Yo / conocer / a mi novia en octubre. Yo / ir / a vivir a Toledo en diciembre.
2 Mi hermano / nacer / en 2005. Nosotros / llegar / a este barrio en 2006.
3 Nosotros / merendar / a las 6:00. Nieves y Antonio / llegar / a las 6:30.
4 Lidia / decírmelo / el lunes. Juan / decírmelo / el martes.
5 Tú / volver / de la playa el 31 de agosto. Elena / ir / a la playa el 1 de septiembre.
6 Javier / quedar / con sus amigos a las 7:00. Guillermo / llamar / para ir al partido a las 7:15.
7 María y Gloria / sacar / las entradas para el concierto. Ángel / llegar / más tarde.
8 Sara / escribirnos / un correo electrónico por la mañana. Nosotros / abrir / el correo por la tarde.
9 El ascensor / romperse / a las 12:00. Yo / llegar / a casa a las 12:30.

4 Rosa y Miguel fueron el verano pasado de vacaciones a Cataluña. Aquí tienes una lista de lo que hicieron, algunas cosas las habían hecho antes y otras no. Forma frases, como en el ejemplo.

Rosa y Miguel ya habían estado en Cataluña hace dos años.
Nunca habían escalado montañas.

	¿Lo habían hecho antes?	
Ir a Cataluña		~~Sí, dos años antes~~
Escalar montañas	~~No~~	
Hacer vela	No	
Ver una iglesia románica		Sí
Bucear		Sí, en Málaga
Estar en el Camp Nou	No	
Pasar toda la noche sin dormir	No	
Ir al Museo Dalí		Sí

5 Escribe seis frases con actividades que hiciste en tus últimas vacaciones y dale la lista a tu compañero. Tu compañero te preguntará si las habías hecho alguna vez antes.

- *En mis vacaciones monté a caballo.*
- *¿Habías montado alguna vez a caballo antes?*
- *No, nunca. / Sí, había montado antes. Me gustan mucho los caballos.*

6 Imagina junto con tu compañero el resto de esta historia (añade cuatro líneas más). Recuerda que tienes que utilizar el pretérito pluscuamperfecto para hablar de las posibles hipótesis.

Mientras nos acercábamos a La Casa Fantasma, la luz de la habitación resplandecía pero, al llegar a la puerta diez minutos después, alguien la había apagado. ¿Era Tomás el que había entrado antes a la casa?, ¿qué había ocurrido en el interior de la casa en esos diez minutos?

...

Votación. Decide qué historia te ha gustado más. ¿Qué pareja de la clase es la ganadora?

Es la historia de un hombre

Adverbios de modo

- Los adverbios se usan para modificar al verbo, a un adjetivo o a otro adverbio. Cuando acompañan al verbo, describen el modo, el tiempo, el lugar o la cantidad de la acción.
- Muchos adverbios de modo se forman añadiendo **–mente** a un adjetivo. Fíjate en que si tiene terminación **–o/–a** se usa la forma en **–a:** ***nuevamente.***

7 Utiliza los siguientes adverbios para completar las frases.

bajo • mal • despacio • bien • alto • deprisa

1 Juan conduce muy .... Puede tener un accidente.
2 No hables tan .... Me duele la cabeza.
3 No entiendo tu letra. Escríbelo ....
4 Esta canción ha salido muy .... Hay que repetirla.
5 Camina .... Hay hielo en la acera.
6 Están hablando tan .... que no se les oye nada.

8 Completa las frases con los adverbios de modo derivados de los siguientes adjetivos.

profundo • rápido • ~~completo~~ • libre • tranquilo • duro • perfecto • último • serio • fijo

1 Son *completamente* felices. Se quieren mucho.
2 No subas la televisión. Se oye ....
3 Estoy como nuevo. He dormido .... durante más de ocho horas.
4 Su madre le dijo muy .... que si no aprobaba el curso, no iba de vacaciones.
5 Mi padre está muy cansado; ha trabajado .... todo el día.
6 Me miró .... a los ojos.
7 Mis compañeros y yo hemos elegido .... a nuestro delegado.
8 .... no me concentro en mis estudios. Estoy suspendiendo algunos exámenes.
9 Se fue .... sin despedirse.
10 Como no tenemos prisa, podemos ir andando ....

1 (48) **Escucha y completa la información del calendario de la gira de Alejandro Sanz.**

2 Ahora lee la información completa del calendario anterior y contesta a las preguntas.

1 ¿En qué ciudades son los conciertos a las once de la noche?
2 ¿Qué días son los conciertos que se celebran en una plaza de toros?
3 ¿En qué ciudades no hay que pagar para ir al concierto?
4 ¿Qué día termina la gira?

3 (49) **Lee y escucha la conversación. ¿Son las afirmaciones verdaderas o falsas?**

Daniel: ¡Hola, Carla! Gracias por contestar a nuestras preguntas para la emisora de radio del instituto. Nos han dicho que has estado en el concierto de Alejandro Sanz del pasado fin de semana. ¿Dónde fue?

Carla: Fue en Málaga, en el Palacio de los Deportes.

Daniel: ¿Y con quién fuiste?

Carla: Estuve con mis primas, que son unas auténticas fans de Alejandro Sanz.

Daniel: ¡Qué bien! ¿Y qué tal? ¿Qué te pareció el concierto?

Carla: ¡Estuvo genial! Yo nunca lo había visto en directo y me dejó impresionada. Es un compositor estupendo, sus letras son emocionantes. El público estaba fascinado oyéndolo.

Daniel: ¿Qué temas cantó?

Carla: Cantó todas las canciones de su último disco.

Daniel: Pero me han dicho que ha perdido mucha voz, que sus seguidores están un poco preocupados porque ya no suena tan bien como en sus actuaciones anteriores...

Carla: Eso no es verdad. Cantó muy bien y no nos decepcionó. La gente estaba emocionada: cantaba con él, bailaba... ¡Nos divertimos muchísimo!

Daniel: ¿Sabes dónde es su próximo concierto?

Carla: Es en Jerez dentro de cuatro días.

Daniel: ¿Recomiendas a nuestros oyentes que vayan a verlo?

Carla: Sí, por supuesto. Seguro que no van a quedar decepcionados.

1 Carla fue al concierto de Alejandro Sanz con unos amigos.
2 El concierto le ha parecido decepcionante.
3 Las canciones de Alejandro Sanz son preocupantes.
4 Daniel piensa que Alejandro Sanz tiene problemas con la voz.
5 Carla no recomienda a los oyentes ir al próximo concierto de Alejandro Sanz.

8 julio - **(1)** __ - Palau Sant Jordi - 21:00 h - **50€**
11 julio - **Valencia** - **(2)** __ - 22:00 h - **35€**
(3) __ - **Cartagena** - Estadio Municipal - 21:30 h - **40€**
21 julio - **San Sebastián** - Donostia Arena - **(4)** __ h - **70€**
26 julio - **Málaga** - **(5)** __ - 22:30 h - **Gratuito**
30 julio - **Jerez de la Frontera** – Estadio Chapín - 23:00 h - Gratuito
9 agosto - **Marbella** - Auditorio Municipal - 22:00 h - **(6)** __
(7) __ - **Madrid** - Plaza de Toros de las Ventas - 23:00 h - **90€**

ENTREVISTAS

- *¿Dónde fue el concierto?*
- *¿Con quién fuiste?*
- *¿Qué te pareció?*
- *¿Qué temas cantó?*
- *¿Dónde es su próximo concierto?*

4 Haz una entrevista a tu compañero sobre el último concierto que ha visto. Utiliza entre otras las preguntas del cuadro anterior.

1 **Mira las siguientes frases y contesta a las preguntas.**

> Los espectadores quedaron **impresionados** con la actuación del guitarrista.
>
> La actuación del guitarrista fue **impresionante.**

1 Las dos palabras en negrita son adjetivos. ¿Qué adjetivo describe cómo se siente alguien?

2 ¿Qué adjetivo describe algo o alguien que nos hace sentir de una manera determinada?

2 50 **Mira los siguientes adjetivos. ¿Qué adjetivos tienen un significado positivo y cuáles tienen un significado negativo? Después, escucha y comprueba.**

sorprendido/-a • decepcionado/-a • emocionado/-a
interesado/-a • preocupado/a • relajado/-a • fascinado/-a
deprimido/-a • impresionado/-a • desesperado/-a

3 **Elige el adjetivo correcto.**

1 No me ha gustado mucho el concierto. Estoy un poco **decepcionado / decepcionante**.

2 Las canciones que cantaron los niños del coro fueron **emocionadas / emocionantes**.

3 No quedan entradas para el festival. Estoy un poco **deprimente / deprimido**.

4 Amanda tiene exámenes después de vacaciones. Ha tenido que estudiar hasta los fines de semana. Está **desesperante / desesperada**.

5 Cuando entregue el trabajo de Tecnología, me quedaré muy **relajante / relajado**.

6 A mucha gente le resultó **sorprendido / sorprendente** su actuación en directo.

7 El año pasado fui a la ópera por primera vez. Fue un espectáculo **fascinado / fascinante**.

8 No creo que mis amigos estén muy **interesados / interesantes** en el arte moderno. Es muy difícil de entender.

9 Estoy muy **preocupado / preocupante** por el examen de Matemáticas. No he estudiado mucho.

4 **Mira las imágenes y haz dos frases con cada uno de los adjetivos entre paréntesis.**

impresionada / impresionante

*Toda la familia se queda **impresionada** cuando oye a mi primo Jorge tocar el piano.*
*Oír tocar el piano a mi primo Jorge es **impresionante**.*

1 decepcionado / decepcionante

2 emocionados / emocionante

3 deprimida / deprimente

5 **Habla con tu compañero sobre los siguientes temas.**

1 Una persona que te resulta interesante.

2 Una actividad que te parece deprimente.

3 Un momento de tu vida en el que quedaste sorprendido.

4 Una situación que te resultó decepcionante.

5 La cosa más emocionante que has hecho en tu vida.

LEER

1 51 Lee y escucha el texto. Después, di si las afirmaciones son verdaderas o falsas.

El Rey León, **el musical**

El Rey León lleva ya en la cartelera de Madrid varias temporadas de absoluto éxito y es fácil entender por qué: esta imaginativa adaptación del clásico de Disney tiene una puesta en escena digna de un musical de Broadway. Espectaculares coreografías, canciones tan conocidas como la famosa *Hakuna Matata* y más de cincuenta actores de todo el mundo han hecho de este musical un espectáculo obligatorio para los aficionados al género.

El Rey León, la mayor producción musical jamás presentada en España, ha conseguido más de setenta premios internacionales de primera categoría al mejor musical. Más de cincuenta millones de personas la han visto en todo el mundo. El musical transporta al espectador al paisaje africano, con sorprendentes efectos visuales y emocionantes temas musicales.

Un espectáculo único cargado de valores familiares, que demuestra la relación de cada uno de nosotros con nuestras raíces. *El Rey León* hace que el espectador piense sobre la importancia de cada una de nuestras acciones y el efecto que causan en nuestro entorno, así como la importancia de sentir que pertenecemos a un grupo, y cómo todo ello da sentido a nuestra vida. Además, es un canto al respeto y al amor por la naturaleza.

Extraído de *http://www.metropoli.com*

1 *El Rey León* se ha puesto en escena este año en Madrid por primera vez.
2 La película de Walt Disney con el mismo nombre está basada en el espectáculo musical.
3 Los actores son todos españoles.
4 Ha recibido más de setenta premios importantes.
5 El espectáculo musical nos hace pensar sobre la relación del ser vivo con el medioambiente en el que habita.

ESCUCHAR

2 52 Escucha la información radiofónica sobre el espectáculo musical *El Rey León* y completa las frases.

1 Se hablan diferentes idiomas del continente ....
2 Los actores cambian de vestuario hasta .... veces.
3 En el espectáculo aparecen hasta cuatrocientas piezas de ....: sombreros, pulseras, anillos, cinturones...
4 En el escenario aparecen más de veinticinco clases de ....
5 En el musical intervienen más de cien personas entre ...., ... y personas del departamento de vestuario, maquillaje y peluquería.
6 Muchas de las telas de los vestidos y trajes están pintadas ....
7 La orquesta tiene cien .... musicales interpretados por veintiún ....
8 Este musical se ha representado en todo el mundo en diferentes ....

HABLAR

3 Pregúntale a tu compañero sobre sus gustos musicales. Si ha visto algún espectáculo musical, qué cantante o grupo de música le gusta más, cuál es su canción y tema favorito...

ESCRIBIR

4 (53) **Completa el texto con las siguientes palabras. Escucha y comprueba.**

álbum • han sido • sorprendente • banda
habían tratado • colaboración • grabaciones
han apoyado • escenario • música latina

Maná

Los orígenes de Maná los encontramos en la ciudad mexicana de Guadalajara, cuando un grupo de adolescentes, con muchas ambiciones y un bongó, creó una [1] .... llamada Sombrero Verde. Componían *rock* de raíz latina, en español.

Así fue como Fernando Olvera (cantante), los hermanos Calleros (guitarra y bajo), Álex González (batería) e Iván González (teclista), junto a Gustavo Orozco, realizaron sus primeras [2] .... con el nombre de Maná.

En 1990, con su [3] .... *Falta amor*, consiguieron un disco de oro en México. Con su disco *Cuando los ángeles lloran*, en 1995, lograron su primer éxito internacional.

Los problemas del medioambiente [4] .... siempre una de las preocupaciones de Maná. Ya [5] .... el problema ecológico del planeta en varios de sus temas cuando, en 1995, crearon la Fundación Selva Negra, desde donde [6] .... importantes proyectos a favor del medioambiente.

En 1999 colaboraron con Carlos Santana en su disco *Supernatural*, álbum que obtuvo el récord de nueve premios Grammy. Después, compartieron [7] .... en una gira por México y Estados Unidos.

En 2003 recibieron un nuevo Premio Grammy por su álbum *Revolución de amor*.

Después de cinco años sin lanzar ningún disco, sacaron su álbum *Amor es combatir* (2008), que es una fusión de *rock*, pop, [8] .... y *reggae*. La impresionante respuesta que tuvo la gira de presentación fue una experiencia [9] .... para la banda, que los animó a seguir creando juntos.

En 2015 la banda grabó su décimo primer CD, *Cama incendiada*, con la [10] .... de la cantante colombiana Shakira.

5 Reflexiona sobre el uso de los tiempos del pasado. Relaciona las frases con los usos correctos.

1 Componían *rock* de raíz latina.
2 En 1995 lograron su primer éxito internacional.
3 Los problemas del medioambiente han sido siempre una de las preocupaciones de Maná.
4 Ya habían tratado el problema ecológico del planeta en varios de sus temas, cuando, en 1995, crearon la Fundación Selva Negra.

a Una acción del pasado que sigue teniendo efecto en el presente.
b Una acción terminada en el pasado.
c Acción en desarrollo en el pasado.
d Una acción realizada en el pasado anterior a otra acción también de pasado.

6 Escribe sobre tu grupo favorito, utilizando correctamente los tiempos del pasado. Busca información y procura incluir las respuestas a las siguientes preguntas:

- ¿Dónde y cuándo se formó?
- ¿Qué tipo de música tocan?
- ¿Quiénes son y qué instrumento toca cada uno de sus componentes?
- ¿Cuándo y con qué álbum consiguieron su primer éxito?
- ¿Qué premios han ganado?

1 **¿Qué haces para escuchar la música que más te gusta: compras CD, oyes la radio, ves vídeos musicales? ¿Tienes un MP3, un MP4 o un iPod? ¿Compras música de internet? ¿La compartes con tus amigos?**

2 54 **Lee y escucha el siguiente texto.**

A los jóvenes españoles les encanta LA MÚSICA...

pero no tienen ningún interés en comprar CD

Entre las actividades prioritarias de los jóvenes españoles se encuentra la de escuchar música, pero solo unos pocos –los fans de un determinado cantante o grupo– contemplan la necesidad de pagar el producto.

«La gran mayoría descarga las canciones a través de la red (intercambio de archivos a través de ordenadores) y se reserva la paga de los padres para asistir a conciertos de sus artistas favoritos», aseguró el presidente de Promusicae, Antonio Guisasola, entidad que representa a gran parte de las discográficas españolas.

Muchos jóvenes no quieren tener más CD en casa, ni siquiera piden a los amigos copias en CD vírgenes. «Ocupan demasiado sitio», dicen. Prefieren pasarse los archivos directamente al ordenador y de ahí a un reproductor portátil (MP3, MP4, iPod...).

Lo que está cada vez más extendido últimamente es el intercambio mediante los WhatsApp. Los jóvenes conversan en línea con decenas de amigos; en el transcurso de esas charlas se intercambian ficheros musicales.

De esta forma, según las últimas estadísticas, los jóvenes españoles destinaron un total de 60 horas y 36 minutos el pasado mes de junio como media a navegar por internet, escribir correos y charlar con su círculo de amigos a través del chat o el WhatsApp, con el objetivo de intercambiar información, imágenes, música o vídeos de manera rápida y privada.

3 **Contesta a las preguntas sobre los hábitos de los jóvenes españoles.**

1 ¿Quiénes son los que compran CD?
2 ¿Qué suelen hacer los jóvenes para conseguir la música que les interesa?
3 ¿En qué gastan su dinero?
4 ¿Por qué no quieren tener CD?
5 ¿Dónde guardan la música?
6 ¿Para qué usan el WhatsApp?

Reflexión y evaluación

1 **Jorge estudia en el Conservatorio Superior de Música porque quiere ser ... de orquesta.**

a presidente
b jefe
c director

2 **En una orquesta sinfónica hay muchos ... de cuerda.**

a violines
b instrumentos
c directores

3 **Para ser un buen ... hay que dedicar muchas horas a practicar el instrumento.**

a músico
b cantante
c director

4 **La ... es un instrumento imprescindible en la música española.**

a flauta
b guitarra
c trompeta

5 **Bach fue un gran...**

a director de orquesta
b batería
c compositor

6 **El otro día Alicia me contó que el verano pasado ... un curso de vela en Mallorca.**

a había hecho
b hacía
c hace

7 **Hasta ayer no ... nunca una ópera en el Teatro Real.**

a veía
b vi
c había visto

8 **Cuando ... el timbre, yo ya había terminado.**

a suena
b había sonado
c sonó

9 **Ana me ... un libro, pero yo ya lo había leído.**

a regalaba
b había regalado
c regaló

10 **Ayer el perro destrozó la alfombra. Hasta ahora nunca lo...**

a había hecho
b ha hecho
c hace

11 **Cuando ... el telediario, nosotros ya ... de comer.**

a había empezado / habíamos terminado
b empezó / terminamos
c empezó / habíamos terminado

12 **Andrés ... la nota que sus padres le ... en su casa.**

a vio / había dejado
b vio / habían dejado
c vio / han dejado

13 **Ayer ... a buscar las llaves a Verónica porque las...**

a ayudé / había perdido
b ayudo / habían perdido
c ayudé / perdía

14 **La semana pasada ... al concierto porque les ... las entradas.**

a van / habían regalado
b fueron / han regalado
c fueron / habían regalado

15 **... un premio el año pasado, pero antes ya le ... otros.**

a Recibía / habían dado
b Recibió / habían dado
c Recibió / dieron

16 **¡Anda más ..., que no hay prisa!**

a rápido
b despacio
c alto

17 **¡Ven ..., te estamos esperando!**

a rápidamente
b bien
c bajo

18 **Mi hermano Fernando se ha enamorado ... de su compañera de grupo.**

a bien
b perfectamente
c locamente

19 **Este ejercicio está muy... Repítelo.**

a malamente
b mal
c deprisa

20 **El bebé está durmiendo...**

a rápidamente
b inmediatamente
c profundamente

21 **La película me gustó mucho. El argumento era muy...**

a deprimente
b interesante
c desesperante

22 **La cantante se mostró muy ... cuando le dijeron que le habían concedido el Premio Grammy.**

a decepcionada
b sorprendente
c sorprendida

23 **Los actores no estaban muy ... al comienzo de la actuación. Estaban bastante nerviosos.**

a fascinantes
b relajados
c fascinados

24 **Estoy triste y...**

a decepcionante
b deprimida
c fascinada

Ahora puedes hacer el Proyecto 2 (páginas 122-123)

¿Qué quieres ser?

7

VOCABULARIO	▸ Profesionales y profesiones ▸ Yo quiero ser...
GRAMÁTICA	▸ *Cuando* + presente de subjuntivo ▸ *Cuando* + indicativo / subjuntivo ▸ Obligación y necesidad (*hay que / tienes que* + infinitivo)
COMUNICACIÓN	▸ Anuncios de trabajo ▸ ¿Qué te gustaría ser?
COMUNICACIÓN Y VOCABULARIO	▸ Sectores profesionales
DESTREZAS	▸ Trabajando con dinosaurios ▸ Carta formal
CULTURA	▸ Trabajos raros

7 VOCABULARIO

1 **Relaciona las siguientes profesiones con las imágenes. Después, escucha y comprueba.** (55)

cocinero/-a • veterinario/-a • escultor(a) • mecánico/-a
dependiente/-a • albañil • arquitecto/-a • escritor(a)
fontanero/-a • electricista

EL GÉNERO EN LAS PROFESIONES

- Las terminaciones más frecuentes son: **-o/-a, -or/-ora, -nte, -ista:**
  *el veterinari**o** / la veterinari**a***
  *el pint**or** / la pint**ora***
  *el pian**ista** / la pian**ista*** (femenino igual que masculino)
  *el estudi**ante** / la estudi**ante*** (femenino igual que masculino)
- Algunos nombres terminados en **-nte** tienen una forma femenina en **-nta:**
  *el presid**ente** / la presid**enta***
  *el dependi**ente** / la dependi**enta***
- A veces hay dos formas correctas para femenino, en **-o** y en **-a**:
  *la médic**o** / la médic**a***
  *la abogad**o** / la abogad**a***
  *la jue**z** / la jue**za***
- Algunas profesiones tienen la misma forma para el masculino y el femenino:
  *el model**o** / la model**o***
  *el soldad**o** / la soldad**o***
  *el polic**ía** / la polic**ía***
  *el albañi**l** / la albañi**l***
- Tienen una terminación especial en femenino:
  actriz (femenino de *actor*)
  alcaldesa (femenino de *alcalde*)
  poetisa (femenino de *poeta*)

2 **Completa la tabla con el masculino o femenino.**

Masculino	Femenino	Masculino	Femenino
[1]	actriz	abogado	[6] ......
pintor	[2]	[7]	cantante
[3]	policía	modelo	[8] ......
[4]	jueza	taxista	[9] ......
[5]	alcaldesa	[10]	dependienta

3 **Completa las frases con el vocabulario de los ejercicios 1 y 2.**

1 El .... diseña los planos de los edificios.
2 La .... atiende a los clientes de la tienda.
3 Los .... y las .... trabajan en películas y obras de teatro.
4 La .... ha preparado un menú delicioso.
5 Mi padre trabaja de .... Conduce un taxi.
6 La .... volvió a ganar las elecciones municipales en mi pueblo.
7 Los .... arreglan los coches estropeados.
8 Se ha estropeado la red eléctrica. Hay que llamar al ....
9 Las .... más famosas del mundo han desfilado esta semana por la Pasarela Cibeles.
10 Los .... que construyeron la casa trabajaron muy bien.

4 Lee y escucha el texto. Después, contesta a las preguntas.

Yo quiero ser...

LUISA Yo quiero ser bailarina. A mis padres no les parece muy bien la idea, pero dicen que siempre me ayudarán. Quiero ir a la Escuela Superior de Danza de Madrid. Si no consigo plaza para estudiar ahí, intentaré trabajar en algo relacionado con la música o el baile. Después, en mi tiempo libre puedo practicar en alguna academia privada.

FERNANDO Mi padre es mecánico y tiene un taller, por eso quiere que trabaje con él en el futuro. Yo quiero mucho a mi padre, pero prefiero prepararme para otra profesión porque veo que siempre está agotado cuando llega a casa. Por otro lado, a mí lo que me gustan son los ordenadores, así que, seguramente, intentaré estudiar para ser informático.

EMILIO Mis padres dicen que tengo que estudiar mucho. Ellos quieren que sea abogado o médico, pero yo no estoy muy seguro. Tengo solo quince años, así que no tengo que decidirlo ahora. De momento solo pienso en acabar mis estudios de Secundaria y, además, lo que más me apetece es ser *disc-jockey*.

PAULA Mis abuelos viven en el campo y tienen una granja. Cuando voy a verlos, los ayudo a dar de comer a los animales. Yo siempre he querido trabajar con animales, por eso quiero ser veterinaria, pero tengo que estudiar mucho y sacar buenas notas en Bachillerato si quiero hacer esta carrera en la universidad. Si no lo consigo, estudiaré Biología.

1 ¿Qué piensan los padres de Luisa sobre sus planes profesionales?
2 ¿Qué hará Luisa si no la admiten en la Escuela Superior de Danza?
3 ¿Por qué no quiere Fernando trabajar con su padre?
4 ¿Cuáles son los planes profesionales de Fernando?
5 ¿Qué planes tienen los padres de Emilio para su futuro?
6 ¿Por qué piensa Emilio que es pronto para tomar una decisión?
7 ¿Por qué quiere ser veterinaria Paula?
8 ¿Qué hará Paula si no consigue suficiente calificación para entrar en la Facultad de Veterinaria?

5 Comenta con tu compañero.

1 ¿Qué quieres hacer cuando termines tus estudios de Secundaria?
2 ¿A qué edad crees que es el mejor momento para elegir tu futuro profesional?
3 ¿Tú crees que los padres deben aconsejar a los hijos sobre sus estudios?
4 Del texto anterior, ¿qué plan te parece más interesante?
5 ¿Cuál de ellos crees que lo tiene más difícil?

GRAMÁTICA

Cuando + presente de subjuntivo

Las oraciones subordinadas introducidas por **cuando** que expresan futuro llevan el verbo en subjuntivo.

*Cuando **tenga** coche, **iré** a Huelva.* (aún no tengo coche, pero algún día lo tendré y entonces iré a Huelva)

1 Relaciona y forma frases.

1 Cuando vengas a mi casa, ...
2 Cuando sea mayor, ...
3 Cuando estemos de vacaciones, ...
4 ¿Nos vamos de compras...
5 Cuando llegue el profesor, ...
6 Cuando vayas a la biblioteca, ...
7 Cuando se despierten, ...
8 Cuando os equivoquéis, ...
9 ¿Puedo marcharme, ...
10 Dale de comer, ...

a ... lo podréis corregir pulsando la segunda tecla.
b ... iremos a la playa.
c ... cuando te lo pida.
d ... no te olvides de llevar este libro, por favor.
e ... te enseñaré el juego nuevo que me he comprado.
f ... cuando termine el partido?
g ... nos pedirá los ejercicios.
h ... estudiaré Medicina.
i ... cuando quiera?
j ... se encontrarán con la sorpresa.

2 Lee y completa las instrucciones para ajustar la hora del reproductor del televisor con la forma correcta del verbo entre paréntesis.

1 Cuando lo .... (conectar / tú) por primera vez, tendrás que ajustar la hora.
2 Cuando .... (cambiar) los horarios de invierno y verano, la ajustarás de nuevo.
3 Cuando .... (pulsar / tú) el botón rojo, aparecerá el menú.
4 Cuando .... (aparecer) el menú, podrás seleccionar la palabra reloj.
5 Cuando .... (pulsar / tú) la flecha, seleccionarás la hora.
6 Cuando .... (querer / tú) ajustar los minutos, no necesitarás volver al menú.
7 Cuando los números .... (ponerse) intermitentes, podrás fijarlos con la misma flecha.
8 Cuando la operación .... (estar) terminada, vuelve a la posición inicial.

3 Elige la opción correcta.

1 Haré la redacción de español cuando **acabe / acabo** la merienda.
2 Cuando María **ahorra /ahorre** dinero, irá a España de vacaciones.
3 Ordenarán su dormitorio cuando se lo **dice / diga** su padre.
4 Cuando **tengan / tienen** tiempo, devolverán los libros a la biblioteca.
5 Lo primero que hará Juan cuando se **levanta / levante,** será encender el ordenador.
6 Cuando **vienen / vengan** del pueblo, iremos al Museo Romántico.
7 Hablaremos de nuestros planes de vacaciones cuando **llego / llegue** a casa.
8 Cuando te **vayas / vas** a la cama, apaga la luz, por favor.
9 Saldré a jugar a la calle cuando **vengan / van** mis amigos.
10 Cuando **termine / termino** este libro, iré a la biblioteca a por otro.

Cuando + indicativo / subjuntivo

Las oraciones subordinadas introducidas por ***cuando*** llevan el verbo en **indicativo** cuando nos referimos al pasado o al presente, y llevan **subjuntivo** cuando nos referimos al futuro.

Cuando	Indicativo	Pasado	*Cuando **estuve** el año pasado en Granada, **fui** a La Alhambra.*
		Presente	*Cuando **estoy** de vacaciones en Granada, **voy** a La Alhambra.*
	Subjuntivo	Futuro	*Cuando **esté** el próximo verano en Granada, **iré** a La Alhambra.*

FÍJATE: Las preguntas y exclamaciones con *cuándo* no son subordinadas, por eso pueden utilizar futuro.
*¿Cuándo **verás** a Elena?*

4 ¿Cuáles son tus planes de futuro? Cuenta tus secretos a tu compañero y dile cuándo piensas llevarlos a cabo.

alquilar un piso con… • comprar un… • ir a la universidad
viajar a… • ir a las Olimpiadas • vivir en… • tener ... hijos • casarte

*Cuando **tenga** 18 años, **alquilaré** un piso con mis amigos.*

5 Elige la forma correcta.

1 Cuando **estuve / esté** en Salou, visité el parque de atracciones.
2 Cuando **llegas / llegues** a Sevilla, iré a verte.
3 Cuando **termino / termine** de comer, haré los deberes.
4 Cuando **haces / hagas** los deberes, podrás salir con tus amigos.
5 Cuando **llegue / llegó** la policía, el ladrón se había escapado.
6 Todos los días, cuando **va / vaya** a trabajar, compra el periódico.
7 Cuando **va / vaya** a trabajar, tendrá que coger el autobús.
8 ¿Qué haces cuando **sales / salgas** con tus amigos?
9 Cuando **acaba / acabe** el partido, pediremos unas *pizzas*.
10 ¿Qué te dijo Ángel cuando lo **llamaste / llamarás**?
11 Siempre me llamas cuando no **esté / estoy** en casa.
12 Cuando no **esté / estoy** en casa, conectaré el contestador.
13 Apagaré la luz cuando me **vaya / voy** a la cama.
14 ¿Te lavas los dientes cuando **termines / terminas** de comer?
15 Todos los días, cuando **salga / salgo** por la mañana para ir a trabajar, todavía es de noche.

6 Completa la conversación con la forma correcta del verbo entre paréntesis.

Laura: ¿Qué hacías en verano cuando eras pequeño?
Víctor: Cuando mis hermanos y yo [1] ...... (ser) pequeños, [2] ...... (pasar) las vacaciones en el pueblo. Cuando [3] ...... (hacer) buen tiempo, [4] ...... (ir) a bañarnos al río y cuando [5] ...... (estar) nublado, [6] ...... (jugar) en el patio de mis abuelos.
Laura: ¿Y ahora, sigues yendo al pueblo?
Víctor: Sí, claro. Todos los años, cuando [7] ...... (llegar) el mes de julio, mis padres y yo [8] ...... (celebrar) mi cumpleaños con mis abuelos, y después, [9] ...... (pasar), todos juntos, unos días en la playa. Este verano, cuando yo [10] ...... (estar) en el pueblo, te [11] ...... (llamar) para que pases un fin de semana con nosotros.

Obligación y necesidad

Expresar obligación impersonal (*hay* + *que* + infinitivo)
Es una generalización que vale para todo el mundo.
*Para encontrar un trabajo **hay que leer** los anuncios de ofertas en el periódico o en internet.*

Expresar obligación personal
Indica la persona obligada a hacer algo. Se usa esta forma para expresar mandatos, consejos y recomendaciones.

yo	**tengo**	
tú	**tienes**	
él / ella / Ud.	**tiene**	+ *que* + **infinitivo**
nosotros/-as	**tenemos**	
vosotros/-as	**tenéis**	
ellos / ellas / Uds.	**tienen**	

*Eduardo antes de salir **tienes que hacer** los deberes y ordenar tu dormitorio.*

7 **Completa con *hay que* o *tengo / tienes / tiene… que*.**

Si queréis aprobar esta asignatura *tenéis que* estudiar más.

1 Antes de cruzar una calle .... mirar a derecha e izquierda.
2 Si quieres ir al concierto de Amaral, ... comprar las entradas ya.
3 No podemos salir con Víctor y Ana porque .... terminar el trabajo de Ciencias.
4 Pepe, ¿.................... hacer deberes para mañana?
5 Marisa me ha dicho que este fin de semana .... estudiar un montón para los exámenes.
6 Si queréis aprobar, ... estudiar más.
7 .... poner el despertador para levantarse pronto.
8 Si quieres que te acompañe, ... esperarme.
9 .... que encender el horno antes de meter la carne.
10 Vosotros .... traer la música para la fiesta.

8 **Primero piensa algunas ideas sobre las siguientes preguntas y escríbelas. Luego, compáralas con las de tus compañeros.**

¿Qué hay que hacer para…

- … conseguir amigos/-as?
- … ganar un partido de fútbol / baloncesto?
- … aprender bien un idioma extranjero?
- … encontrar un buen trabajo?
- … llevarse bien con los padres?

Yo creo que para tener amigos hay que hablar con la gente, salir, llamar por teléfono…

9 **Imagina que tus amigos te cuentan estos problemas. Haz una recomendación para cada uno.**

Siempre llego tarde a clase.
Si no quieres llegar tarde, tienes que salir antes de tu casa.

1 He suspendido tres asignaturas.
2 Creo que estoy un poco gordito.
3 Mi madre me ha echado una bronca.
4 Por las mañanas no puedo levantarme de la cama, estoy cansado.
5 No entiendo al profesor de Matemáticas.

1 **Lee los anuncios de trabajo y relaciónalos con las siguientes palabras.**

coches • comida • televisión • animales y niños • pintura

a

NECESITAMOS PERSONA JOVEN y amable para cuidar de niño y mascota. Puntualidad. Excelentes gratificaciones.
Tel.: 91 445 44 50

b

Se necesita **telefonista** para periodo de vacaciones en taller mecánico. De lunes a viernes, 7,50 € la hora. Llamar mañanas al **93 725 92 38**

c

Se necesitan dos **AYUDANTES DE PINTOR** para fines de semana en Madrid. Cinco horas a la semana. Con coche propio. Llamar por las mañanas de 10 a 14 h.
Tel.: 637 77 97 90

d

Empresa de catering busca gente joven para trabajar como **CAMAREROS** o **CAMARERAS** Madrid capital y alrededores.
Tel.:
91 446 09 11

e

¿Buscas trabajo? Necesitamos personas extrovertidas de ambos sexos para trabajar como actores extras en una serie de televisión. **Tel.: 91 555 99 59**

2 **¿A qué anuncio se refiere cada frase?**

1 Se necesita tener coche.
2 Se gana mucho dinero.
3 Hay que ser muy puntual.
4 Se trabaja atendiendo al público por teléfono.
5 Se trabajan pocas horas.

3 (57) **Lee y escucha la entrevista que hace Alicia a unos alumnos de Secundaria para una emisora de radio.**

Alicia: Estamos en directo desde el Instituto Ricardo de la Cierva para entrevistar a algunos alumnos en su último año de Enseñanza Secundaria. Por favor, ¿podéis contestarme a unas preguntas?

Estudiantes: Sí, claro.

Alicia: ¿Qué os gustaría ser cuando acabéis vuestros estudios?

Estudiante 1: Bueno, a mí me gustaría ser ingeniero aeronáutico.

Alicia: ¿Por qué?

Estudiante 1: Porque me gustan mucho los aviones y, además, porque se gana mucho dinero.

Estudiante 2: A mí me gustaría ser profesora de Educación Física.

Estudiante 1: En esa profesión se gana muy poco dinero.

Estudiante 2: Para mí eso no es lo más importante. A mí me gusta mucho el deporte y, además, se tienen muchas vacaciones.

Estudiante 3: Pues a mí me gustaría ser guía de turismo porque se viaja por todo el mundo y se conoce a mucha gente.

¿QUÉ TE GUSTARÍA SER?

-¿Qué os gustaría ser...?
-A mí me gustaría ser...
-¿Por qué?
-Porque se...

4 **Prepara con tu compañero un diálogo parecido al del ejercicio 3. Utiliza las expresiones de la nota anterior.**

1 Relaciona los siguientes sectores profesionales con las imágenes.

SALUD · INFORMÁTICA · EDUCACIÓN · COMUNICACIÓN · COMERCIO · SERVICIO PÚBLICO · JUSTICIA · CONSTRUCCIÓN · CULTURA · HOSTELERÍA

1

2

3

4

5

6

7

8

9

10

2 Escribe, al menos, dos empleos relacionados con los sectores profesionales del ejercicio 1.

3 Lee los comentarios de este blog. ¿En qué quieren trabajar estos adolescentes cuando sean mayores?

¿Realizas algún trabajo a tiempo parcial? ¿A qué te quieres dedicar en el futuro?

Escribe aquí tus comentarios.

Andrés, 16 años. Valencia

Llevo trabajando en una cafetería desde hace más de dos meses. Creía que no me iba a gustar, pero está siendo muy interesante. He aprendido a relacionarme con todo tipo de personas y ahora soy menos tímido que antes.

Por otra parte, creo que no me gustaría trabajar en este sector cuando sea mayor, pero algo estoy aprendiendo acerca de cómo llevar un negocio. Tal vez estudie Empresariales cuando vaya a la universidad.

Javier, 17 años. Santander

Trabajo como reponedor en un supermercado que está cerca de mi casa y puedo ir en bicicleta. Tengo que madrugar mucho.

No gano mucho dinero, pero puedo ahorrar para comprarme cosas. El mes pasado me compré un portátil. Me han ofrecido trabajar en vacaciones y eso significa más dinero para mis necesidades.

No tengo muy claro a qué quiero dedicarme más adelante. Me gusta mucho todo lo relacionado con el ordenador. Seguramente estudiaré para ser programador.

Sandra, 17 años. Segovia

Pertenezco a una ONG como voluntaria para ayudar a personas mayores que viven solas. Casi todos los días voy a visitar a algunos ancianos para hablar con ellos y ayudarlos en algunas tareas domésticas (hacerles la compra, limpiar la casa si es necesario…), pero lo más importante es escucharlos, es lo que realmente necesitan.

Algunos amigos me dicen que estoy loca por hacer un trabajo sin cobrar nada, pero a mí me gusta.

Cuando sea mayor, me gustaría estudiar para ser enfermera. No hay ningún trabajo más placentero que ayudar a los demás.

4 (58) **Lee y escucha los comentarios del blog anterior. ¿Cuál de estas afirmaciones es falsa en cada persona? Corrígelas.**

1 **Andrés.** Empezó a trabajar la semana pasada. / Le gusta su trabajo. / No le interesa el mundo de la empresa.

2 **Javier.** Trabaja por las tardes. / Consigue ahorrar dinero para sus compras. / La informática le parece poco atractiva.

3 **Sandra.** Trabaja con personas de edad avanzada. / No ayuda en los trabajos caseros. / Gana bastante dinero con este trabajo.

LEER

1 (59) **¿Sabes qué es un «campo de trabajo»? Lee el texto y escucha. Después, contesta a las preguntas.**

Trabajando con dinosaurios

Los campos de trabajo de restauración de huellas de dinosaurios movilizan un año más a un centenar de estudiantes de España y el extranjero que, dirigidos por Félix Pérez Lorente, actuarán en los yacimientos de La Rioja y, este año, por primera vez, en Marruecos.

Organizados dentro del programa general de Cursos de Verano de la Universidad de La Rioja, los campos de trabajo tienen lugar desde hace más de veinte años. En ellos participan jóvenes universitarios y preuniversitarios.

Este año se unirá a los trabajos un grupo de estudiantes marroquíes que harán la misma labor en los yacimientos del Atlas, en el norte de África, del 22 al 31 de agosto.

Los estudiantes saldrán hacia los yacimientos a las 8.00 de la mañana, donde realizarán trabajos de campo hasta las 13.00 horas. Después de comer, recibirán clases teóricas desde las 16.00 a las 18.00 horas.

Los alumnos trabajan limpiando de tierra y plantas las huellas fosilizadas, para poder estudiarlas y examinarlas.

En las clases de la tarde los alumnos estudian los tipos de dinosaurios y sus huellas, y aprenden a analizar un rastro real.

En La Rioja se concentran los yacimientos de huellas de dinosaurio más importantes del mundo.

1 ¿Quién organiza el campo de trabajo de restauración de huellas de dinosaurios?
2 ¿En qué dos países puedes realizar la actividad?
3 ¿Cuántos estudiantes participan?
4 ¿Cuántas horas de trabajo realizan los participantes?
5 ¿Y cuántas horas de clase reciben cada día?
6 ¿En qué consiste su trabajo?
7 ¿Qué les enseñan en las clases?
8 ¿Por qué se realiza esta actividad en La Rioja?

ESCUCHAR

2 (60) **Escucha la información sobre otro campo de trabajo. Después, completa la información.**

1 Este campo de trabajo está organizado por...
2 Junto a los estudiantes españoles, participarán jóvenes de...
3 En este campo están haciendo las excavaciones de...
4 Hasta ahora han encontrado..., las termas y varios templos.
5 Los estudiantes trabajarán en el mes de julio en...

HABLAR

3 Comenta con tu compañero si has realizado alguna vez algún trabajo de verano. ¿Te gustaría participar en un campo de trabajo? ¿Cuál de los dos anteriores te parece más interesante?

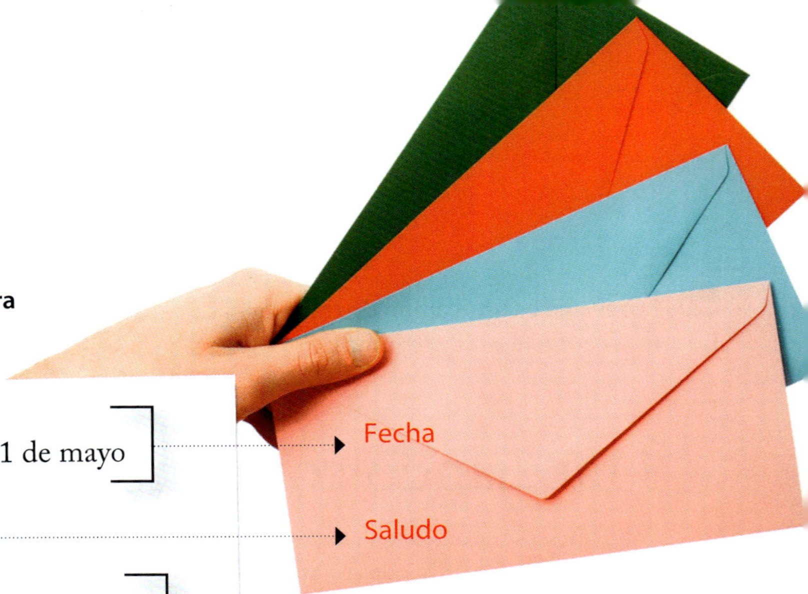

ESCRIBIR

4 [61] **Lee la carta y elige la palabra más adecuada para una carta formal. Después, escucha y comprueba.**

Madrid, 21 de mayo → Fecha

Muy señores míos: → Saludo

Me dirijo a [1] ustedes / vosotros con la intención de solicitar información sobre los cursos de diseño que se pueden realizar en [2] su / vuestra escuela. → Motivo de la carta

Soy una estudiante de Secundaria y estoy pensando en la posibilidad de ampliar mis estudios en el área del Diseño Gráfico. Estaría muy interesada en conocer todas las posibilidades de [3] su / vuestra oferta, así como los precios de los cursos que [4] impartís / imparten.

También [5] me gustaría / quiero informarme de las posibilidades de financiación para las tasas académicas.

Yo podría acudir a [6] su / vuestro centro para [7] entrevistarme / charlar con [8] vosotros / ustedes por las tardes o los sábados por la mañana. → Información relevante

A la espera de recibir sus noticias, se despide [9] atentamente / con cariño, → Despedida

Ana Altamirano → Firma

5 Vuelve a leer la carta y contesta a las siguientes preguntas.

1 ¿En qué fecha está escrita?
2 ¿A quién va dirigida?
3 ¿Quién la escribe?
4 ¿Qué fórmula de cortesía emplea para comenzar la carta?
5 ¿Qué fórmula de cortesía utiliza para finalizar la carta?

6 Traduce a tu idioma.

1 Muy señores míos…
2 Me dirijo a ustedes con la intención de…
3 Yo podría acudir…
4 A la espera de recibir sus noticias, se despide atentamente…

7 Ahora vas a escribir una carta formal. Utiliza las fórmulas de cortesía. No te olvides de incluir la siguiente información:

- ¿Para qué estás escribiendo?
  - necesitas información
  - necesitas ayuda económica
  - solicitas un puesto de trabajo
- ¿Quién eres y cuál es tu situación?
- ¿Cuáles son tus planes para el futuro?
- ¿Cuándo estás disponible?

1 Lee y escucha el contenido de esta página web uruguaya y di si las afirmaciones son verdaderas o falsas. Después, corrige las falsas.

Trabajos raros

Hace pocas semanas abrimos nuestro blog sugiriendo a nuestros lectores que nos dijeran si conocían algún trabajo raro, y toda una serie de trabajos inusuales fueron apareciendo de la mano de los usuarios del portal que nos enviaron sus curiosos aportes:

1 Inspectores de papas fritas
Supervisan estos productos en la línea de montaje y revisan que no haya papas demasiado cocinadas o separan aquellas que hay que desechar.

2 Modelos de pies
Trabajan como «modelos de partes», prestando sus pies para anuncios publicitarios de calzados, lociones y otros productos relacionados.

3 Buzos de pelotas de golf
Buscan en las profundidades de los depósitos de agua en los campos de golf las pelotas que se han perdido para recomponerlas y revenderlas.

4 Médicos de muñecas
Reparan, vuelven a pintar y rearman las partes de las muñecas que se han perdido, roto o dañado.

5 Investigadores de nieve
Recolectan y analizan cristales de hielo en la nieve para estudiar los efectos de la contaminación en una zona nevada.

6 Catadores de alimentos de perros
Prueban y analizan muestras de alimentos caninos y escriben evaluaciones sobre los resultados.

7 Limpiadores de chicles
Despegan los chicles pegados en las aceras y otras áreas usando un procedimiento con vapor.

8 Limpiadores de excrementos
En Barcelona, hay una cuadrilla del Ayuntamiento que se dedica a pasearse por la ciudad en *scooters*, armados con una especie de aspiradora, y tienen como único objetivo la recogida de excrementos animales de las aceras. Esta cuadrilla pertenece a la división «BCNeta!», que significa «Barcelona limpia».

Si conocés algún trabajo raro o poco usual y querés compartirlo con nosotros, te invitamos a escribirnos a:
prensa@montevideo.com.uy

1 Los inspectores de papas fritas realizan el trabajo en su domicilio.
2 Los modelos de pies se dedican a la publicidad.
3 Los buzos de pelotas de golf buscan pelotas en el fondo del mar.
4 Los médicos de muñecas construyen muñecas nuevas.
5 Los investigadores de nieve localizan las zonas ecológicamente más dañadas.
6 Los catadores de alimentos de perros comen comida para perros.
7 Los limpiadores de chicles utilizan productos químicos para arrancarlos.
8 Los limpiadores de excrementos utilizan escobas y palas para recogerlos.

2 **Si tuvieras que elegir uno de estos trabajos, ¿cuál elegirías? ¿Por qué? Coméntalo con tu compañero.**

Reflexión y evaluación

1 **La … de esa tienda es una chica muy amable. Atiende muy bien a los clientes.**

a electricista
b escultora
c dependienta

2 **En los autobuses de mi ciudad trabajan pocas…**

a taxistas
b conductoras
c abogadas

3 **En las revistas salen muchas … famosas.**

a actrices
b actores
c bailarines

4 **Este … ha trabajado muchos años en esta comisaría.**

a electricista
b taxista
c policía

5 **La … del grupo de *jazz* tenía una voz muy grave.**

a actriz
b cantante
c escritora

6 **Cuando … a casa, te llamaré por teléfono.**

a llego
b llegas
c llegue

7 **Cuando … a hacer frío, pondremos la calefacción.**

a empecemos
b empiece
c empieza

8 **Cuando … en un chalé, me compraré un perro.**

a viva
b vivo
c vive

9 **Cuando … hambre, prepararemos la cena.**

a tenemos
b tienes
c tengas

10 **Es peligroso circular en moto cuando…**

a llueva
b llueve
c llovía

11 **Cuando no … nadar, no podíamos ir en barco.**

a sabías
b sabemos
c sepas

12 **Cuando … en mi barrio, tendrás que pagar el aparcamiento.**

a aparcas
b aparques
c aparcarás

13 **Cuando el niño llora, me ... nerviosa.**

a ponga
b ponía
c pongo

14 **Cuando … a Ricardo, le devolveré el libro.**

a vea
b veo
c ve

15 **Cuando me …, hacía muy mal tiempo.**

a levante
b levanta
c levanté

16 **Cuando sea mayor, … bombero.**

a soy
b sea
c seré

17 **Cuando me jubile, me … a vivir a la playa.**

a voy
b iré
c iba

18 **Para conducir un camión hay que … un carné especial.**

a tener
b comprar
c estudiar

19 **Tiene que … nadar muy bien para ser socorrista.**

a aprender
b saber
c enseñar

20 **Hay que … tres idiomas para ser azafata.**

a leer
b escribir
c hablar

21 **¿Qué ... que hacer para encontrar un buen trabajo?**

a tener
b hay
c tenía

22 **Si quiero aprobar este año Matemáticas, ... que estudiar.**

a tengo
b tener
c hay

23 **Este año ha sido bueno para el sector de la .... Han venido muchos turistas.**

a Sanidad
b Hostelería
c Justicia

24 **No olvides incluir tu nombre y tu ... al final de la carta.**

a fecha
b despedida
c firma

¡Vacaciones de verano!

8

VOCABULARIO ▶ Material de playa y montaña ▶ Campamentos de verano

GRAMÁTICA ▶ *Es* + adjetivo + *(que)* + infinitivo / subjuntivo ▶ Uso de la preposición *a*

COMUNICACIÓN ▶ La ciudad de Toledo ▶ Hablar de deseos y preferencias

COMUNICACIÓN Y VOCABULARIO ▶ Planificar un viaje

DESTREZAS ▶ Las Fallas de Valencia ▶ Fiestas tradicionales ▶ Escribir un correo

CULTURA ▶ El Tren de la Fresa

1 Relaciona las siguientes palabras con las diferentes partes de las dos imágenes. Después, escucha y comprueba.

repelente de insectos • cámara • montaña • maleta • bañador • playa
bosque • sombrilla • linterna • brújula • pilas • toalla • saco de dormir
crema solar • gafas de sol • tienda de campaña • mochila • arena

2 Completa los textos utilizando las palabras del ejercicio 1.

¿Te vas de campamento?

¡Sigue nuestros consejos!

1 En la montaña, una .... siempre es más práctica que una maleta.
2 Un .... es imprescindible si vas a dormir en una tienda de campaña.
3 Por la noche, cuando no haya luz, necesitarás una .... No te olvides de las pilas.
4 Acuérdate de llevar un .... En el campo siempre hay mosquitos.
5 Llévate la .... para no perderte en las sendas por la montaña.

¿Vas a pasar unos días en la playa?

¡Disfrútalos a tope sin olvidarte de todos los detalles!

1 No salgas de casa sin tu .... y tus .... Hay que protegerse de las radiaciones solares.
2 No te olvides de llevar dos ...., una para la ducha y otra para la playa.
3 Llévate tu .... y podrás hacer unas bonitas fotos de las playas de fina arena.
4 Cuando llegues a la playa, fija tu .... en la arena para que no se la lleve el viento.
5 No tienes que meter mucha ropa en la maleta, pero no te olvides del ....

3 **Imagina que este verano vas de vacaciones a un *camping* de las Islas Canarias. Haz la lista de las cosas que necesitas llevar.**

4 64 **Lee y escucha el texto. ¿Qué campamento prefieres? ¿Por qué?**

Campamentos de verano

A CAMPAMENTOS DEPORTIVOS

Si te gustan los deportes y tienes entre 12 y 16 años, apúntate este verano a los Nike Camps de fútbol o baloncesto para jóvenes. Se organizan por semanas en Valencia y Barcelona durante los meses de junio y julio. Asistirán estrellas de ambos deportes con las que compartirás entrenamientos y un montón de actividades. Una de las estrellas del fútbol que estuvieron con nosotros el año pasado fue Sergio Ramos. Los participantes también disfrutaron mucho aprendiendo con las clases que impartieron algunos de los profesionales del baloncesto, como Pau Gasol.

No necesitas ningún equipamiento especial. Nosotros nos encargamos de todo. Solo tráete la toalla y el bañador, porque por las tardes iremos a la playa. ¡Y no te olvides de la crema solar!

B CAMPAMENTOS MULTIAVENTURAS

Si eres un amante de la naturaleza, apúntate al campamento Quirós.

El Valle de Quirós se encuentra situado al sur de la zona central del Principado de Asturias, destino preferente para los amantes de la naturaleza y de los deportes al aire libre. Los jóvenes de entre 12 y 16 años disfrutarán durante 10 días, del 21 al 30 de julio, en el albergue Rural de Arrojo, de diferentes actividades de iniciación, como rutas en bicicleta de montaña por la Senda del Oso, natación, senderismo, escalada, descenso del Sella en canoa o descenso de barrancos, además de excursiones a los museos Etnográfico y Casa del Oso, y una amplia oferta de talleres.

Solo necesitarás tu saco de dormir y una linterna para los juegos nocturnos, el resto lo ponemos nosotros.

5 **Lee el texto otra vez y responde a las preguntas con la información correcta de cada campamento.**

	CAMPAMENTO A	CAMPAMENTO B
1 ¿Dónde es?		
2 ¿Cuándo es?		
3 ¿Cuánto dura?		
4 ¿Qué deportes se practican?		
5 ¿Qué tienes que llevar?		

Es + adjetivo + *(que)* + infinitivo / subjuntivo

- Utilizamos esta estructura para hacer valoraciones y para dar instrucciones o consejos:

Es + *importante / estupendo / obligatorio / necesario / fácil / probable / imposible / normal / mejor / …* + [infinitivo / *que* + subjuntivo]

- Si hablamos de algo que se refiere a todo el mundo, utilizamos el infinitivo:
Es importante ***ir*** *al dentista una vez al año.*

- Si nos referimos a un sujeto concreto, utilizamos el subjuntivo:
Es necesario que les ***cuentes*** *el problema a tus padres.* (tú)

- En algunas situaciones, las dos estructuras son posibles:
Normalmente no llueve en la costa, pero es mejor ***llevar*** */ que* ***llevemos*** *el paraguas por precaución.*

1 Elige la opción correcta.

1 Es estupendo que **vengas / ir** con nosotros a la playa.
2 Es muy importante **hacer / hagas** la reserva del hotel con dos meses de antelación.
3 No es necesario que **vengan / venir** tus padres a despedirte.
4 Es muy raro que no **encontrar / encuentres** la linterna. Debe estar entre la ropa.
5 Es importante **mantengas / mantener** el orden y la limpieza en la tienda de campaña.
6 Es mejor que **vengas / venir** pronto. Tienes que preparar el equipaje.
7 Es fantástico que **tener / tengas** la oportunidad de viajar a Sudamérica.
8 Es fácil **llegar / llegues** al pie de la montaña, pero es muy duro **alcances / alcanzar** la cima.
9 Es importante que **dormir / duermas** bien antes del examen.

2 Completa las frases con los siguientes verbos en su forma correcta.

haber • hacer • conseguir • completar
pasar • comprar • revisar • llevar • irse

1 Es imposible que .... sin nosotros. Nos esperarán.
2 Es raro que .... mal tiempo en el mes de julio.
3 Será mejor .... comida para el primer día.
4 Normalmente no llueve en la costa, pero es mejor .... el paraguas por precaución.
5 Es difícil .... entradas para ver ese museo.
6 Es muy importante que .... tus apuntes antes de un examen.
7 Es obligatorio .... el cuestionario para participar en la carrera.
8 Es probable que .... mucha gente en el concierto, es un cantante muy famoso.
9 Es estupendo .... unos días en la playa con los amigos.

3 Teresa se va este verano de campamento, pero antes de montar en el autobús le han dado algunas instrucciones. Forma frases relacionando las tres columnas, como en el ejemplo.

Es mejor que seas tú la que dé el primer paso.

Es mejor…	… ser…	… en todas las actividades.
Es importante…	… hacer…	… el miedo a la oscuridad.
Es necesario…	… ponerse triste…	… los teléfonos de tus amigos.
Es muy fácil…	… vivir…	… tú la que dé el primer paso.
No es difícil…	… participar…	… en las actividades nocturnas.
Es divertido…	… superar…	… amigos.
Es normal…	… apuntar…	… en la naturaleza.
Es emocionante…	… aprender…	… el día de la despedida.
Es conveniente…	… aburrirse…	… con una buena fiesta.
Es imposible…	… despedirse…	… a compartir.

4 Completa la carta de Teresa a su amiga Belén contándole cómo se lo está pasando en el campamento. Utiliza los siguientes verbos en la forma correcta.

enseñar • poder • levantarse • irse • ver • no estar

¡Hola, Belén!

¿Qué tal estás? Yo me lo estoy pasando estupendamente. Estamos de acampada en una zona muy bonita de la montaña asturiana. Es increíble [1] .... por la mañana y [2] .... los montes, los bosques y el río. La gente es estupenda. Tengo amigos de distintas partes de España. Es divertidísimo que te [3] .... a hablar en distintas lenguas: aprendemos inglés, francés y también chino. Los únicos pesados son los chicos de la tienda de enfrente. Se pasan toda la noche de juerga y no nos dejan dormir. Creo que va a ser mejor que esta noche mi compañera y yo [4] .... a dormir junto al río, así es posible que [5] .... toda la noche oyéndolos y [6] .... descansar.

Teresa

5 Imagina que eres el nuevo director del instituto. En grupos de tres confecciona un listado de normas e ideas originales para tu centro.

- *Es necesario que los alumnos y profesores **conozcan** las nuevas tecnologías.*
- *No es obligatorio **usar** uniforme.*

Usos de la preposición *a*

Utilizamos la preposición *a* para introducir los complementos indirecto y directo de persona.

También usamos la preposición ***a***:

- Para indicar la dirección hacia la que nos movemos: *¿Te vienes **a** la playa?*
- Para indicar la hora en la que ocurre algo: *Llegaremos **a** las 12:00.*
- Con el verbo ***estar*** + una cantidad:
  - fechas: *Estamos **a** 2 de junio.*
  - temperaturas: *Estamos **a** 15 ºC.*
  - distancias: *Estamos **a** 80 kilómetros de Madrid.*
  - precios: *Las peras están **a** 3 € el kilo.*
- Para indicar la velocidad: *En las autopistas no se puede conducir **a** más de 120 kilómetros por hora.*
- Y para una serie de expresiones como: ***a** dieta, **a** oscuras, **a** la derecha, **a** la plancha...* A veces **al**: ***al** principio, **al** final.*

6 Completa las frases con la preposición *a* cuando sea necesario.

1. ¿Conoces .... los amigos de Elena?
2. Este videojuego les encanta .... mis hermanos.
3. Recuerda que luego tienes que hacer .... tus deberes?
4. ¿Has visto .... el perro de Javier? ¡Es muy pequeño!
5. Mis padres están buscando .... un hotel en la playa para este verano.
6. ● ¿Estáis esperando .... alguien?
   ■ No, estamos esperando .... el autobús.
7. Le he pedido .... Cristina que me deje su cámara de fotos.
8. ¿Has escrito ya .... la tarjeta .... tus amigos?
9. Todos los alumnos esperan con ilusión .... la fiesta de fin de curso.
10. Le hemos regalado .... un cómic .... Carlos por su cumpleaños.
11. Vamos .... mi casa. He preparado una merienda especial.
12. Mi hermana se va .... casar el verano que viene.

7 Completa las frases con una de las siguientes expresiones.

a mi hermana • a la derecha • a las 7:00 • a casa
a la novia • a qué hora • a oscuras • a la cima
a unos 20 • a dieta • a la plancha • a más de 6 €
a más de 150 kilómetros por hora • a cuántos

1. Es mejor comer la carne .... para no engordar.
2. Cuando llegues al semáforo, tienes que girar ....
3. Le he regalado unos guantes ....
4. Vámonos .... Se está haciendo tarde.
5. Los montañeros no pudieron llegar .... de la montaña porque empezó a nevar.
6. He conocido .... de Pablo. Es muy guapa.
7. ● ¿.................... kilómetros estamos de tu pueblo?
   ■ ....
8. ● ¿.................... quedamos?
   ■ ....
9. Mi madre no come dulces porque está ....
10. No me gusta estar .... Enciende la linterna, por favor.
11. No he comprado melocotones porque estaban .... el kilo.
12. Conduce como un loco. Va ....

1 **Mira la información sobre Toledo y contesta a las preguntas.**

Toledo

Si quieres ir de vacaciones al centro de España, no dejes de visitar la ciudad de Toledo, Patrimonio de la Humanidad. Destaca por su catedral, sus museos y sus edificios históricos.

Alojamientos

Albergue Juvenil Castillo de San Servando

Está situado en el Castillo de San Servando, en el casco urbano, junto al río Tajo. Ideal para visitas turísticas por la ciudad. Tiene 94 plazas. Dispone de restaurante, cafetería, piscina y polideportivo. Precio: 15 € por persona.

***Camping* El Greco**

Situado en un lugar tranquilo y acogedor a 2 kilómetros del centro de la ciudad, en la ladera de una montaña. Modernas instalaciones: cafetería, restaurante, supermercado, prensa, librería y tienda de regalos. Precio: 7 € por persona, 7 € la tienda y 7 € el coche.

Parador de Toledo

Este hotel ofrece unas extraordinarias vistas de la ciudad monumental desde todas sus habitaciones. Tiene capacidad para 140 personas, restaurante, cafetería y aparcamiento. Está situado a 4 kilómetros del centro de la ciudad. Precio: desde 120 € la habitación doble.

1 ¿Qué alojamiento dispone de piscina?
2 ¿Qué alojamiento está más cerca del centro de la ciudad?
3 ¿Qué alojamiento es el más barato? ¿Y el más caro?
4 ¿Desde qué alojamiento puedes disfrutar de la panorámica de la ciudad?

2 (65) **Lee y escucha. ¿A dónde se van Sara y Noelia de vacaciones?**

Noelia: ¿Dónde quieres que vayamos de vacaciones este verano?

Sara: A mí me gustaría ir a una playa en España.

Noelia: Yo también quiero ir a España, pero prefiero visitar Madrid y sus alrededores: Toledo, Segovia, Ávila...

Sara: Pero hace mucho calor en verano. ¿Por qué no quieres ir a la playa?

Noelia: En la playa hay demasiada gente. Además, prefiero hacer un viaje más cultural.

Sara: Pues a mí no me apetece nada.

Noelia: ¿No te gustaría dormir en un castillo junto a un río?

Sara: Bueno... Eso me parece mejor. ¡Nunca he dormido en un castillo!

3 **Prepara un diálogo con tu compañero para decidir a dónde vais a ir a de vacaciones y dónde os vais a alojar.**

HABLAR DE DESEOS Y PREFERENCIAS

-A mí me gustaría...
-Yo prefiero...
-¿Por qué no quieres...?
-Me apetece / A mí no me apetece...
-¿No te gustaría...?

1 Relaciona cada verbo con su definición

1 despegar
2 aterrizar
3 visitar
4 alquilar
5 reservar
6 alojarse
7 regresar
8 recorrer
9 planificar
10 presupuestar

a Vivir temporalmente en un establecimiento de hostelería o en una vivienda que no es la propia.
b Separarse de la superficie e iniciar el vuelo.
c Calcular el precio total de una actividad.
d Usar una cosa durante un tiempo pagando una cantidad de dinero y con algunas condiciones.
e Ir a un lugar para conocerlo.
f Establecer el plan para desarrollar una actividad.
g Descender y posarse sobre la tierra.
h Encargar algo con antelación.
i Volver al lugar del que se partió.
j Ir de un lugar a otro.

2 Completa las frases con la forma correcta de los verbos del ejercicio 1.

1 Vamos a .... mesa en un restaurante para el próximo sábado.
2 Esta mañana la agencia de viajes nos .... el precio final del billete y nos ha mandado un correo electrónico.
3 Después de tres horas de vuelo, el piloto pidió permiso a la torre de control para ....
4 Las pasadas vacaciones mi familia y yo .... en una casa rural en un pueblo muy pequeño del País Vasco, en la montaña.
5 El tren tardó dos horas en .... 300 km.
6 Cuando vayamos a Tenerife, queremos .... un coche para movernos por la isla y no tener que ir en taxis.
7 Tenemos que .... nuestro trabajo para terminar a tiempo.
8 Los pasajeros ya están a bordo y el avión está preparado para ....
9 Fuimos a .... la catedral. Es un edificio impresionante.
10 Después de un mes de viaje por Argentina, tuvimos que .... a España porque se nos acabaron las vacaciones.
11 Esta mañana he llamado al teatro para .... las entradas.

3 66 Escucha la entrevista a Luis y Amaya y contesta a las preguntas.

1 ¿De dónde han regresado hace poco tiempo Luis y Amaya?
2 ¿Por qué recomiendan comprar guías de viaje?
3 ¿Por qué deciden no ir a la Isla de Pascua?
4 ¿Qué tipo de billete compraron?
5 Además de los billetes de avión, ¿qué detalles finales son necesarios para planificar el viaje?

4 Utiliza las siguientes ideas para preguntarle a tu compañero sobre el viaje más largo que ha hecho.

RECORRIDO **MEDIOS DE TRANSPORTE** **VISITAS** **ALOJAMIENTO** **PLANIFICACIÓN**

LEER

1 **¿Te gustan los fuegos artificiales? ¿Y las fiestas en la calle?**

2 **Lee y completa el texto con las siguientes frases. Después, escucha y comprueba.**

espectáculos de petardos y fuegos artificiales • se celebra del
llevan un cartel • fiestas populares más importantes de España

LAS FALLAS DE VALENCIA

Es una fiesta tradicional de la ciudad de Valencia. Actualmente, esta festividad se ha convertido en un atractivo turístico muy importante. [1] .... 14 al 19 de marzo, en honor a San José, patrón de los carpinteros.

Sus orígenes son realmente sencillos, una simple quema de desperdicios de los talleres de carpintería. Pero en la actualidad se ha convertido en una de las [2] ...., en la que se queman cientos de fallas construidas a lo largo de todo el año.

Las fallas están formadas por una figura central de varios metros de altura rodeada de numerosas figuras de cartón o madera que además [3] .... que explica el significado de cada composición, siempre con sentido crítico y satírico.

Desde el 14 de marzo hasta el 19 de marzo los días y noches en Valencia son una fiesta continua. Pero ya desde el 1 de marzo se hacen mascletás, [4] .... que tienen lugar en la Plaza del Ayuntamiento, en el centro de la ciudad, a las 14:00 horas.

En esta fiesta se unen el fuego, la música, la pólvora y la calle.

ESCUCHAR

3 **Daniel y Victoria están hablando de las Fallas. Escucha la conversación y di si las siguientes afirmaciones son verdaderas o falsas.**

1 No acude demasiada gente durante las Fallas.
2 Las fallas pueden medir hasta 20 metros de alto.
3 A medianoche la gente participa en un partido de fútbol.
4 La gente se reúne en la calle para comer y oír música.
5 Hay espectáculo de fuegos artificiales.
6 Las fallas son peligrosas porque no hay medidas de seguridad.
7 Daniel ha vivido las Fallas anteriormente.

4 **Escucha de nuevo y contesta a las preguntas.**

1 ¿Cuándo estuvo Victoria en Valencia?
2 ¿Dónde se queman las fallas?
3 ¿Cuántos bomberos hay como medida de seguridad?
4 ¿Cuándo son los fuegos artificiales?
5 ¿Cuándo quiere ir Daniel a las Fallas?

HABLAR

5 **Prepara un diálogo con tu compañero sobre una fiesta tradicional en tu país.**

- ¿Cuándo es?
- ¿Dónde se celebra?
- ¿Qué hace la gente?

ESCRIBIR

6 69 **Completa el correo con los siguientes adjetivos. Después, escucha y comprueba.**

diferente • simpáticos • nervioso • contento • barato • solo
preocupado • tranquilo • caro • ~~largo~~ • buena

Hola, David:

Después de un viaje muy *largo* por fin estoy en Salamanca haciendo el curso de español.

Cuando llegué, estaba un poco [1] ...... porque aquí todo es muy [2] ...... Al principio me sentía bastante [3] ...... porque no conocía a nadie. Ahora ya tengo algunos amigos españoles, que son tremendamente [4] ...... y ya puedo decir que mi vida social es realmente [5] ....

Estaba [6] ...... por el dinero, porque aquí todo es exageradamente [7] ...... para mi presupuesto, sobre todo los bares y los restaurantes. No fue fácil buscar alojamiento, pero después de unos días encontré un albergue juvenil que está fenomenal. Es muy [8] ......, está bien situado y, lo mejor de todo... ¡es bastante [9] ......!

Estoy muy [10] ...... de estar aquí. Ya te contaré más cosas. Escríbeme pronto.

Samuel

7 **Elige la opción correcta.**

1 Fueron las mejores vacaciones de mi vida. Estaba **muy / ligeramente** triste cuando se acabaron.
2 Llevaba dos noches sin dormir. Estaba **un poco / tremendamente** cansado.
3 La comida era **bastante / exageradamente** buena, pero no tan rica como la que hace mi madre.
4 Algunos días fueron **extremadamente / bastante** calurosos. Se batieron los récords de temperaturas.
5 Después de un viaje de vuelta muy duro, estaba **un poco / bastante** contento de llegar a casa.
6 La ciudad era **ligeramente / realmente** bonita, de las más bonitas que he visto en mi vida.
7 Llegué **muy / un poco** tarde. La clase había empezado hacía dos o tres minutos.

8 **Escribe un correo electrónico a un amigo desde la ciudad en la que estás de vacaciones. Antes de escribir, pon tus ideas en orden respondiendo a las siguientes preguntas.**

- ¿Cómo es la ciudad?
- ¿Qué has visitado?
- ¿Qué haces cada día?
- ¿Qué tal tiempo hace?
- ¿Cómo es la gente?
- ¿Cómo es la comida?

1 ¿Has viajado alguna vez en un tren antiguo? Lee y escucha el texto. Después, señala cuáles de las siguientes afirmaciones son verdaderas o falsas. Corrige las falsas.

Comienza la temporada del Tren de la Fresa

Desde hace 25 años, este ferrocarril histórico realiza un recorrido turístico Madrid-Aranjuez en el que se combinan la cultura y el ocio.

Este recorrido se podrá realizar los sábados y domingos, desde el 3 de mayo hasta el 13 de julio. Los viajes incluyen un paseo panorámico por Aranjuez y visitas al Palacio Real (guiada) y al Museo de Falúas.

Una locomotora de vapor histórica de mediados del s. XX y cuatro vagones construidos entre 1914 y 1930 forman el Tren de la Fresa. Los vagones se han renovado para este año, tras un proceso de restauración.

La línea Madrid–Aranjuez se inauguró el 9 de febrero de 1851 en medio de una gran expectación y bajo la presidencia de la reina Isabel II. Madrid era entonces una ciudad de unos 200 000 habitantes y en la estación de Atocha una multitud celebró la inauguración de la nueva línea de tren.

Hoy el recorrido se ha transformado en un atractivo viaje a la ciudad de Aranjuez, donde se cultivan unos fresones riquísimos. Cuando comienza su temporada en mayo, empieza a funcionar este tren antiguo con el que se puede llegar a esta hermosa ciudad donde podemos encontrar arquitectura, arte, paisaje, cultura y gastronomía. La excursión en el Tren de la Fresa es una propuesta cultural y de ocio que ofrece a toda la familia una forma diferente y amena de pasar el fin de semana.

PRECIOS

Adultos: 25 €

Niños (de 4 a 12 años): 17 €

Los menores de 4 años viajan gratis si no ocupan asiento.

Estos precios incluyen:

- Viaje en tren histórico Madrid-Aranjuez-Madrid.
- Degustación de fresón a bordo.
- Traslados de la estación a la zona monumental en autocar climatizado.
- Visita panorámica a Aranjuez.
- Visitas al Palacio Real (guiada) y Museo de Falúas.

1 El Tren de la Fresa tiene un cuarto de siglo.

2 Este recorrido se puede realizar todos los días de la semana.

3 Los vagones de este tren se mantienen exactamente igual que en el siglo pasado.

4 Aranjuez es una ciudad de gran valor artístico e histórico.

5 Los menores de cuatro años siempre viajan gratis en cualquier caso.

6 Este tren se llama «Tren de la Fresa» porque en el recorrido se comen fresas.

7 Desde la estación de tren se realizará un recorrido a pie hasta el centro histórico de la ciudad.

Reflexión y evaluación

1 **Antiguamente los … cubrían casi todo el cuerpo.**

a sombreros
b bañadores
c calcetines

2 **He dejado la comida debajo de la … para que no le dé el sol.**

a cámara
b linterna
c sombrilla

3 **La linterna no funciona porque se ha quedado sin…**

a pilas
b crema
c brújula

4 **Estaba rojo como un cangrejo por no darse…**

a repelente de insectos
b arena
c crema solar

5 **Llevaremos la … para orientarnos por el monte.**

a linterna
b brújula
c mochila

6 **Es imposible que nos … acampar en la zona protegida.**

a dejan
b dejar
c dejen

7 **Es fantástico … las vacaciones con tus amigos.**

a pasar
b pasan
c pasen

8 **No has comido nada. Es lógico que … hambre.**

a tener
b tengas
c tienes

9 **Es conveniente que todos … las gafas de sol en la playa.**

a utilicéis
b utilizar
c utilizáis

10 **No es fácil … qué estudiar en el futuro.**

a decidas
b decidir
c decides

11 **Te está llamando con urgencia. Es preciso que…**

a vaya
b vayas
c ir

12 **No es cierto que … demasiado tarde. Aún tienes tiempo.**

a ser
b seas
c sea

13 **Vámonos. Es probable que … a llover.**

a empezar
b empieza
c empiece

14 **Es injusto que … el partido. Han jugado muy mal.**

a ganen
b ganar
c ganan

15 **Es probable que Ana y Ángel … a visitarnos mañana.**

a vienen
b vengan
c venir

16 **¿Has visto a…?**

a la casa
b la vecina
c la revista

17 **No encontramos … por ningún lado.**

a la niña
b Marisa
c las llaves

18 **El perro mordió al…**

a hueso
b pelota
c niño

19 **Hoy estamos…**

a 12 de mayo
b a 12 de mayo
c el 12 de mayo

20 **Se ha ido la luz y nos hemos quedado…**

a a dieta
b a oscuras
c a la plancha

21 **Tenemos que … mesa para comer en este restaurante. Siempre hay mucha gente.**

a planificar
b presupuestar
c reservar

22 **Siempre me pongo nervioso cuando al final del vuelo el avión va a…**

a reservar
b despegar
c aterrizar

23 **¿Te gusta ayudar a … el viaje o te gusta que te lo den todo organizado?**

a visitar
b planificar
c regresar

24 **Voy a ... este piso.**

a planificar
b alquilar
c regresar

Hecho en España

9

VOCABULARIO ► Inventos españoles

GRAMÁTICA ► Oraciones finales ► Contrarios ► Pronombres personales de sujeto y objeto

COMUNICACIÓN ► Entrevista a Sixeart ► Preguntar el porqué

COMUNICACIÓN Y VOCABULARIO ► Palabras derivadas

DESTREZAS ► Mortadelo y Filemón ► Escribir la reseña de un videojuego o de un cómic

CULTURA ► Inventos de América Latina

1 **71** **Relaciona las siguientes palabras con los textos. Después, escucha y comprueba.**

paella • guitarra española • botijo • Camper • Chupa Chups
autogiro • futbolín • fregona • sol • Seat 600

1 Un joven gallego, ALEJANDRO FINISTERRE, a los 17 años y con la ayuda de un carpintero vasco, creó un .... con jugadores de madera y una pelota de corcho para ayudar a los niños enfermos que no podían jugar al balón.

2 En 1959, ENRIC BERNAT lanzó al mercado una nueva golosina con un palo, con una frase publicitaria que decía: «Chupa un caramelo, chupa, chupa, chupa Chups», y de ahí su nombre .... Logró venderlo por todo el mundo. Y hasta este momento se han vendido más de 25 000 millones de unidades.

3 Es fácil encontrar en muchos restaurantes de todo el mundo este plato típico español. Lo más difícil es que sepa a auténtica ....
Su origen es la región de Valencia, donde hay mariscos y ricas verduras y donde se cultiva el arroz.

4 Es la marca de Turespaña, la agencia de turismo española, diseñada por el pintor JOAN MIRÓ poco antes de morir. Un .... que lleva los colores de la bandera española, el rojo y el amarillo. Esta imagen moderna de España se usa desde 1984.

5 Es sin duda uno de los mejores inventos españoles y ya ha cumplido medio siglo. Se lo debemos a MANUEL JALÓN, que con la .... enamoró a la sociedad española y también a los turistas, que después de visitar España se la llevaban en el coche o en el avión. Este invento «levantó a la mujer del suelo».

6 El .... está hecho de arcilla y se utiliza para bajar la temperatura de su contenido. Puede llegar a disminuir hasta 10 grados la temperatura del agua. Es como una nevera rural.

7 Instrumentos musicales de cuerda ha habido muchos a lo largo de la historia, pero la .... está considerada como uno de los más importantes. Grandes maestros de este instrumento, como Andrés Segovia o Paco de Lucía, son reconocidos mundialmente.

8 Cuando veas un helicóptero, piensa que es casi un invento español. En 1923, JUAN DE LA CIERVA construyó su primer ....
Su muerte temprana le impidió ser reconocido como el inventor del helicóptero.

9 España es uno de los principales fabricantes de zapatos del mundo. En 1975 ANTONIO FLUXÁ fundó la fábrica de zapatos ...., realizando un diseño propio. Hoy esta empresa tiene más de 50 tiendas por todo el mundo.

10 Aunque el .... no fue un diseño español, sino italiano, fue el primer coche fabricado masivamente en España. Se fabricó en Barcelona desde 1957 hasta 1973. Se hicieron 800 000 unidades y aún circulan por España unas 10 000.

(Extraído de *El País Semanal*)

2 Contesta a las preguntas.

1. ¿Para qué inventó Alejandro Finisterre el futbolín?
2. ¿Qué hace que el Chupa Chups sea diferente de las otras golosinas?
3. ¿Dónde se puede comer una paella de verdad?
4. ¿Por qué utilizó Miró los colores rojo y amarillo en su diseño del sol de España?
5. ¿Cuánto tiempo hace que se inventó la fregona?
6. ¿Dónde se utilizan principalmente los botijos?
7. ¿Qué tipo de instrumento es una guitarra española?
8. ¿De qué medio de transporte fue precursor el autogiro?
9. ¿Cuándo se fundó la fábrica de los zapatos Camper?
10. ¿De dónde era el Seat 600?

Oraciones finales

- Las oraciones finales expresan la intención con la que hacemos una cosa.
- Pueden ir introducidas con los nexos *para, con el fin de, con el objeto de…*

(sujeto 1) + verbo + *para* + [infinitivo (mismo sujeto) / *que* + (sujeto 2) + subjuntivo]

(Yo) ***Te llamo para*** (yo) ***invitarte*** *a comer.*

(Yo) ***Te llamo para*** ***que no*** (tú) ***olvides*** *la invitación.*

- Llevan el verbo en infinitivo cuando el sujeto de la oración principal y de la subordinada es el mismo.
  (Él) *Diseñó un juguete* **para** (él) **ayudar** *a los niños enfermos.*
- Llevan el verbo en subjuntivo cuando los sujetos son distintos:
  (Nosotros) *Vamos a ir a Valencia* **para que** (tú) **comas** *una buena paella.*

- En las oraciones interrogativas utilizamos siempre el nexo seguido de *qué* + indicativo:
  ¿Para qué sirve *un botijo?*

1 Relaciona.

1 ¿Para qué te llamó Mercedes?
2 ¿Para qué quieres verlo?
3 ¿Con qué fin os ha reunido la directora?
4 ¿Para qué pones la televisión a estas horas?
5 ¿Para qué has ido a la policía?

a Para que me deje su guitarra.
b Para que vaya con ella de compras.
c Para que detengan a los ladrones.
d Para ver las noticias de deportes.
e Para informarnos sobre la excursión de fin de curso.

2 Reescribe las frases, como en el ejemplo.

Tenemos que llamar a Martín. Nos tiene que decir la hora del partido.
Tenemos que llamar a Martín para que nos diga la hora del partido.

1 Os invito al cine esta tarde. Vais a ver una película muy buena.
2 Buscan un monitor de natación. Tiene que dar los cursillos de verano.
3 Pídele el libro de Matemáticas a Gabriela. Tienes que estudiar.
4 Esta tarde voy a casa de Eduardo. Voy a jugar con él al ajedrez.
5 Nos vamos de vacaciones a la playa. Queremos descansar.
6 Habla más alto. Quiero oír lo que dices.
7 Sujétame. No me quiero caer.
8 Saca el agua de la nevera. Está demasiado fría.
9 Tengo que llamar a Julia y David. Tienen que venir a mi cumpleaños.
10 Pon el telediario. Vamos a enterarnos de las últimas noticias.

Contrarios

Para formar el contrario de algunos adjetivos se utilizan los prefijos *in-, im-, i-*.
*culto / **in**culto, paciente / **im**paciente, legible / **i**legible, responsable / **irr**esponsable* (i- + r- = irr-).

Con el prefijo *des-* se puede formar el contrario de muchos verbos y algunos adjetivos.
*ordenar / **des**ordenar, conectar / **des**conectar*

3 **Completa las frases, según tu opinión, con un adjetivo de cada una de las siguientes parejas. Haz los cambios necesarios.**

seguro / inseguro • sensible / insensible
activo / inactivo • feliz / infeliz • honesto / deshonesto
responsable / irresponsable • tolerante / intolerante

1 Los políticos son personas .... que trabajan para el pueblo.
2 Me siento .... cuando camino por mi barrio.
3 Mis amigos son muy .... Hacen mucho deporte.
4 La gente en mi país es .... con las personas de otras culturas.
5 En la escuela te enseñan a ser ....
6 Las personas optimistas suelen ser más ....
7 Es muy difícil permanecer .... ante la injusticia.

4 **Forma el contrario de los siguientes adjetivos utilizando los prefijos *des, in-, im-, i-* o *ir-*.**

prudente • posible • legible • soportable • humano
racional • ilusionado • sensible • prevenido • probable
animado • confiado • ordenado • real• sano

5 **Completa el texto con los contrarios de los siguientes adjetivos.**

responsable • posible • seguro • legal • contento • protegido

En todas las grandes ciudades, hay zonas marginales consideradas (1) .... Sus calles están llenas de ciudadanos sin trabajo y muchos de ellos en una situación (2) ....
Las autoridades, en muchos casos, mantienen una actitud (3) .... al no hacer lo necesario para mejorar la situación. Muchos de sus habitantes se sienten (4) .... Parece (5) .... encontrar una solución a corto plazo, pero es necesario tomar algunas medidas para tranquilizar a la población (6) ....

6 **Completa las frases con la forma correcta de uno de los contrarios de los siguientes verbos.**

aparecer • colgar • conectar • ordenar • embarcar

1 .... la televisión antes de irte a la cama.
2 El día que acabamos el crucero, ... en el puerto de Barcelona.
3 Tenemos que .... los cuadros para pintar la pared.
4 Todos los años .... muchas especies de animales.
5 Mi hermano pequeño siempre me .... mi habitación.

Pronombres personales de sujeto, objeto directo, objeto indirecto

Sujeto	Objeto directo	Objeto indirecto
yo	me	me
tú	te	te
él	lo (le)	le (se)
ella	la	le (se)
usted	lo (le)	le (se)
nosotros/-as	nos	nos
vosotros/-as	os	os
ellos	los (les)	les (se)
ellas	las	les (se)
ustedes	los (les)	les (se)

- Cuando el verbo está en imperativo afirmativo los pronombres se colocan detrás del verbo: *Tráe**melo***.
- Cuando el verbo está en imperativo negativo, los pronombres van delante del verbo: *No* ***se lo*** *des*.
- Cuando el verbo está en infinitivo o gerundio los pronombres pueden ir delante o detrás del verbo: *Estaba mirándo**la**. / **La** estaba mirando*.

7 Completa las frases con los pronombres correspondientes.

1 Cuando llegamos a clase, el profesor .... pidió los deberes.
2 Raúl sale a las dos. .... voy a esperar a la salida de clase.
3 Antonio tiene novia. .... he conocido este fin de semana.
4 Esta película es buenísima. ¿........ has visto?
5 Cuando sus padres se enfadan con los gemelos, no .... dejan salir con los amigos.
6 Salisteis en el programa del sábado. Todos .... hemos visto.
7 Siempre que voy a tu casa, tu hermana .... abre la puerta.
8 Vas a llegar tarde. ¿Quieres que .... lleve en coche?
9 Esta noche vamos a cenar en una pizzería. Mis tíos .... invitan.
10 Sigo en contacto con Elena. Esta semana .... he enviado un correo electrónico.
11 No he entendido lo que has dicho, ¿........ lo puedes repetir?
12 .... voy a contar una cosa pero no se lo digas a nadie.

8 Sustituye los nombres por los pronombres correspondientes.

Dale el libro a María. *Dáselo*

1 No le digas la verdad a Pedro.
2 Estoy esperando a Jesús.
3 Quiero ver a Luisa.
4 Enséñame las fotografías.
5 Tienes que salir a recibir a los invitados.
6 ¿Quieres conocer a mis amigos?
7 Están explicando la lección a los alumnos.

9 En parejas. El alumno A dicta al compañero B tres frases que contengan los siguientes pronombres personales:

- un pronombre personal de sujeto
- un pronombre personal de objeto directo
- un pronombre personal de objeto indirecto

Ahora al revés: el alumno B dicta las frases y el alumno A las copia en su cuaderno.

1 Lee la entrevista que le hace Gabriela al grafitero catalán Sixeart y después contesta a las preguntas y compáralas con tu compañero.

GABRIELA: Sixeart, nacido en Barcelona, es uno de los cinco grafiteros que cubrió la fachada de la Tate Modern de Londres. Ha hecho una parada en su trabajo para contestar a las preguntas que los lectores enviaron a BBC Estudio Abierto. ¿Cuál es la mejor manera de empezar a hacer grafitis?

SIXEART: Antes de salir a la calle a pintar, hay que dibujar mucho sobre papel. Al principio tienes que poner tu nombre y a partir de ahí crear un estilo propio de letras. El inicio de un grafitero tiene que ser su firma.

GABRIELA: ¿Cuándo fue tu salto de las firmas a realizar dibujos y crear personajes?

SIXEART: Llegó un día en que las letras ya no me apetecía hacerlas porque sabía el principio y su resultado final, y lo que quería era innovar y divertirme con lo que hacía. Ahora hago más personajes y composiciones de colores.

GABRIELA: ¿Cómo fueron tus primeras experiencias callejeras? Los grafitis son un delito, ¿no?

SIXEART: Bueno, el grafiti es ilegal. Desde el principio fue algo que muchísima gente estuvo en contra. Pero ahora la palabra «grafiti» ya no suena a vandalismo o algo malo. Creo que ahora tiene parte de aceptación de la gente.

GABRIELA: Pero para ti, por lo menos en tus inicios, ¿cualquier pared valía?

SIXEART: Cuando eres muy joven cualquier pared te vale. Ahora pienso que hay sitios en los que se puede hacer grafiti y otros en los que no. Pero bueno, esa es mi opinión.

GABRIELA: Y ahora que te invitan a trabajar en los museos, ¿crees que has perdido esa esencia de tus inicios?

SIXEART: ¡Nunca dejaré de hacer grafitis en la calle! Algunos ilegales y otros no. Si dejara de pintar grafitis, perdería la esencia como artista.

GABRIELA: ¿Cómo le gustaría a Sixeart ser recordado?

SIXEART: Con una sonrisa. Que se acordaran de mí y sonrieran.

1 ¿Qué trabajo importante realizó Sixeart en Londres?
2 Según Sixeart, ¿qué tipo de grafitis tiene que hacer un principiante?
3 ¿Como reaccionaba la población ante la aparición de los primeros grafitis?
4 ¿Ha creído siempre que cualquier superficie es válida para hacer un grafiti?
5 Ahora que es un artista reconocido, ¿seguirá haciendo grafitis?, ¿por qué?

2 Trabaja con tu compañero y pregunta y responde a las preguntas.

1 ¿Te gusta hacer grafitis?
2 ¿Conoces a algún grafitero?
3 ¿Qué tipo de grafitis te interesan más?
4 ¿Recuerdas algún grafiti que te haya impactado? Descríbelo.

3 (72) **Lee y escucha.**

Daniel: ¿Qué quieres hacer cuando termines tus estudios en el instituto?

Pedro: Todavía no lo tengo muy claro, pero me gustaría hacer Bellas Artes.

Javier: ¿Bellas Artes? ¿Y eso?

Pedro: Porque desde pequeño me gusta mucho el dibujo. Siempre me ha gustado hacer cómics y he ido mucho con mis padres a ver exposiciones.

Daniel: Pues a mí me gustaría dedicarme a la música.

Pedro: ¿Pero te gusta algún instrumento en particular?

Daniel: Desde pequeño estoy estudiando piano en el Conservatorio, pero a mí lo que me gustaría es ser director de orquesta.

Javier: ¡Madre mía! Vais a ser unos auténticos artistas. Yo me conformo con los grafitis que hago por mi barrio.

PREGUNTAR

-¿Qué quieres hacer cuando...?
-¿Y eso?
-¿Te gusta algún / alguna ... en particular?

-A mí me gustaría...
-Porque desde pequeño...
-Siempre me ha gustado...
-Yo me conformo con...

4 ¿Te gustaría dedicarte al arte? Si tienes que elegir, ¿qué rama del arte te interesa más? En grupos de tres, preparad una conversación, diciendo cuál elegiríais y por qué.

1 Relaciona las siguientes palabras con las imágenes.

conversación • correcciones • ilustración
composición • narración • elecciones

2 Mira la tabla y completa las columnas.

Verbos	Resultado de la acción del verbo	Persona que realiza la acción del verbo
crear	creación	creador(a)
conversar	[1]	conversador(a)
corregir	[2]	corrector(a)
ilustrar	[3]	[4] ....
dirigir	dirección	[5] ....
[6]	elección	elector(a)
realizar	realización	[7] ....
componer	[8]	[9] ....
narrar	[10]	narrador(a)

3 Relaciona las siguientes palabras con sus definiciones.

1 conversador(a)
2 narrar
3 elector(a)
4 componer
5 creador(a)
6 ilustrar

a Persona que tiene derecho a elegir.
b Persona a la que le gusta conversar.
c Poner fotografías o dibujos en un texto.
d Contar un hecho o una historia.
e Persona que produce una obra artística.
f Escribir una obra musical, literaria o científica.

4 Completa las frases con una palabra derivada del verbo entre paréntesis.

1 Me gusta mucho dibujar. Me gustaría trabajar como .... en una revista o en un periódico. (ilustrar)
2 En mi opinión la última .... de este músico es la mejor. (componer)
3 Ayer tuve una .... muy interesante con mis compañeros sobre nuestros gustos musicales. (conversar)
4 Ibáñez es el .... de la famosa serie de cómics *Mortadelo y Filemón*. (crear)
5 Durante la última clase de tutoría hemos realizado la .... del nuevo delegado de clase. (elegir)
6 Todos los días dedicamos varios minutos a la .... de los ejercicios. Es la mejor manera de comprobar los errores. (corregir)

5 Trabaja con tu compañero. Pregunta y responde.

¿Conoces algún director de cine?

COMPOSITOR(A) DE MÚSICA CLÁSICA

CREADOR(A) DE VIDEOJUEGOS

DIRECTOR(A) DE CINE...

LEER

1 **Completa el cómic de *Mortadelo y Filemón* con los siguientes verbos.**

oigo • está • han hecho • probar • haga • he hecho • estamos • deben • voy • estás

ESCUCHAR

2 [73] **Escucha la entrevista con Inés, la bibliotecaria de un instituto, y di si las afirmaciones son verdaderas o falsas. Corrige las falsas.**

1 Actualmente la actividad favorita de los niños es la lectura.
2 A los niños les gustan los cómics porque tienen ilustraciones.
3 Ibáñez es el director de la película *Mortadelo y Filemón*.
4 Ibáñez está jubilado.
5 Los cómics de *Mortadelo y Filemón* han sido un gran éxito de ventas en Estados Unidos.
6 Ibáñez realiza sus cómics utilizando las nuevas tecnologías.

HABLAR

3 Comenta con tu compañero. ¿Es aficionado a los cómics? ¿Por qué le gustan o no le gustan los cómics? ¿Cuáles son sus cómics y personajes favoritos?

ESCRIBIR

4 [74] **Lee la reseña sobre el videojuego. Elige la palabra correcta. Después, escucha y comprueba.**

El [1] videojuego / cómic de *Mortadelo y Filemón. Misión: salvar la Tierra* ya en tu [2] móvil / consola

Zeta Digital e Iteration Mobile presentan el primer videojuego para móvil de *Mortadelo y Filemón. Misión: salvar la Tierra*

Coincidiendo con el 50 [3] **centenario / aniversario** del cómic y el estreno de la película más esperada del año, *Mortadelo y Filemón. Misión: salvar la Tierra*, Zeta Digital e Iteration Mobile lanzan el primer videojuego oficial de la película para móvil.

Los jugadores deberán ponerse en [4] **el disfraz / la piel** de los agentes más intrépidos de la TIA, para lograr salvar a la Tierra de su total aniquilación.
La misión: recuperar las piezas del invento más revolucionario del profesor Bacterio, realizando viajes en el [5] **tiempo / espacio** y superando ingeniosas pruebas de habilidad.

Una divertida combinación de aventura y arcade que hacen de este juego uno de los títulos más originales y entretenidos para tu móvil.

5 Escribe la reseña de un videojuego o de un cómic que te haya gustado.

- ¿Cuál es su nombre?
- ¿De qué trata?
- ¿Cómo se llaman sus personajes principales?
- ¿Qué misión tienen los protagonistas?
- Da tu opinión personal.

1 Completa el texto con las siguientes palabras. Después, escucha y comprueba.

COHETE

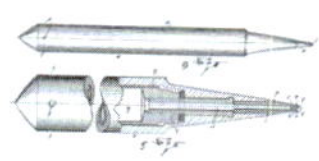

BOLÍGRAFO

TELEVISIÓN

FOTOGRAFÍA

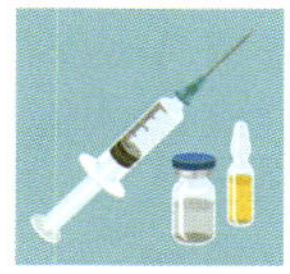

VACUNA

Inventos
de América Latina

Aunque la mayoría de inventos famosos no tuvieron lugar en América Latina, sino en Europa, Asia y Estados Unidos, hay un grupo de inventores latinoamericanos que fueron noticia por sus creaciones. ¡Conócelos aquí!

László Bíró, conocido en la Argentina como Ladislao José Biro, fue un inventor y periodista húngaro nacionalizado argentino, que realizó un total de 32 inventos, entre ellos el (1) ...., que le dio fama internacional. Entre sus inventos se encuentran un modelo de pluma estilográfica y una máquina para lavar la ropa que, según la anécdota, construyó para su esposa.

Jacinto Convit fue un médico y científico venezolano, conocido por desarrollar la (2) .... contra la lepra. Recibió el Premio Príncipe de Asturias de Investigación Científica y Técnica de 1987 y fue nominado al Premio Nobel de Medicina en 1988. Murió a los 100 años de edad.

Guillermo González Camarena fue un ingeniero mexicano, que inventó en 1940 un sistema para transmitir (3) .... en color. El 31 de agosto de 1946, González Camarena envió la primera transmisión en color desde su laboratorio en la Ciudad de México.

Pedro Paulet nació en Arequipa (Perú) en 1874. Este ingeniero peruano fue la primera persona que en 1895 construyó un motor de propulsión a combustible líquido para un (4) ...., y es considerado uno de los «padres de la aeronáutica».

Hércules Florence fue un inventor y fotógrafo franco-brasileño, nacido en Francia y afincado desde joven en Brasil. Es considerado uno de los padres de la (5) .... por inventar en el año 1833 un procedimiento para la captación de imágenes con la cámara oscura y la utilización del papel como soporte.

2 Contesta a las preguntas.

1 ¿Qué inventó Lászlo Bíró para su esposa?
2 ¿Qué enfermedad prevenía el invento de Jacinto Convit?
3 ¿Dónde puso en práctica su invento Guillermo González Camarena?
4 ¿En qué país nació el inventor del cohete?
5 ¿Para qué servía la cámara oscura?

3 ¿Conoces a algún inventor famoso de tu país? Comenta con tus compañeros alguno de sus inventos.

Reflexión y evaluación

1 **Con un ... podrás jugar al fútbol con tus amigos sin salir a la calle.**

a monopatín
b esquí
c futbolín

2 **Para beber agua fría en el campo lo mejor es un...**

a refresco
b botijo
c frigorífico

3 **Antes de existir la ..., se fregaba de rodillas en el suelo.**

a máquina de escribir
b televisión
c fregona

4 **El instrumento más importante en la música flamenca es la...**

a guitarra española
b guitarra eléctrica
c batería

5 **Con arroz, verduras y marisco puedes hacer una rica...**

a *pizza*
b paella
c empanada

6 **Les he dejado la casa para que ... una cura de reposo.**

a hacer
b hacen
c hagan

7 **Me he comprado varios cómics para ... estas vacaciones.**

a leo
b leerlos
c los lea

8 **Date crema para que el sol...**

a te queme
b no te queme
c no quemar

9 **Voy a hablar con el profesor para que ... los fallos del examen.**

a explicar a mí
b me explica
c me explique

10 **He llamado a Juan para que ... a la fiesta.**

a venir
b venga
c viene

11 **Estoy preparando una tarta para ... a mis amigos.**

a invito
b invite
c invitar

12 **Mi barrio es un lugar muy... No se oye ningún ruido.**

a tranquilo
b intranquilo
c activo

13 **Mi compañero Juan es un ..., nunca hace su trabajo.**

a tolerante
b intolerante
c irresponsable

14 **Mis hermanos pequeños son muy ..., nunca obedecen.**

a desobedientes
b obedientes
c vagos

15 **Me gustan las personas ... y honestas.**

a deshonestas
b sinceras
c mentirosas

16 **Con tanto viento me voy a...**

a desaparecer
b desenchufar
c despeinar

17 **Roberto ... ha pedido a su hermana que haga la compra.**

a la
b lo
c le

18 **... voy a presentar a mi novia para que ... conozcas.**

a Te / la
b Tú / la
c Le / lo

19 **Cuénta... la verdad a mí solo.**

a te
b le
c me

20 **No entendemos el problema. ¿... ... puedes explicar?**

a Se los
b Nos lo
c Me los

21 **Mozart es uno de los más famosos ... de música clásica.**

a composiciones
b compositores
c creaciones

22 **En los museos podemos encontrar las ... de los artistas más importantes.**

a direcciones
b creadores
c creaciones

23 **Las ... de los libros infantiles son a veces tan importantes como los textos.**

a ilustraciones
b creaciones
c ilustradores

24 **Me gusta esta ... musical.**

a corrección
b narración
c composición

Ahora puedes hacer el Proyecto 3 (páginas 124-125)

Anexo

PROYECTOS | RESUMEN GRAMATICAL | TRANSCRIPCIONES

ES SÁBADO... ¿qué hacemos?

1 **Cine, deportes, videojuegos… Por grupos, planteaos las distintas posibilidades de ocio que se os presentan durante el fin de semana.**

2 **Elaborad una lista con las distintas actividades completando la tabla de la derecha.**

3 **Una vez decidido lo que queréis hacer, elaborad un pequeño cartel informativo para el resto de la clase con toda la información necesaria por si algún otro compañero quiere apuntarse a vuestra actividad.**

- ¿Qué vais a hacer?
- ¿Qué día y a qué hora?
- ¿Cuánto cuesta?
- ¿Hay que llevar alguna cosa en particular para participar en la actividad?

Actividad	Dinero que necesitamos	Horario	Otros

4 Presentad ante la clase el cartel con la información de la actividad que vais a realizar invitando a los distintos grupos a participar en ella.

5 Ahora preparad unas preguntas para hacer al resto de los grupos y, de esta forma, tener la información completa de lo que piensa hacer cada uno de ellos.

MI PROGRESO [unidades 1, 2 y 3]

Completa tu autoevaluación señalando tu nivel de adquisición en las distintas habilidades.

Muy bien = **1**	Regular = **3**
Bien = **2**	Tengo que mejorar = **4**

ESCUCHAR

- Puedo entender las ideas principales de la descripción de una persona o un lugar.
- Soy capaz de extraer datos concretos cuando me hablan de edificios, fiestas, ciudades…
- Puedo tomar notas mientras escucho.

LEER

- Soy capaz de leer textos de dificultad media con bastante rapidez entendiendo las ideas fundamentales.
- Puedo encontrar lugares y entender la información dada en un plano.
- Soy capaz de entender las instrucciones en una receta de cocina.

COMUNICACIÓN

- Puedo dar y pedir información para describir e identificar personas.
- Soy capaz de pedir información sobre los distintos lugares dentro de un edificio.
- Puedo pedir y dar información sobre la comida que me gusta o quiero comer.

HABLAR

- Soy capaz de decir muchas cosas diferentes sobre mí mismo.
- Puedo dar información sobre lugares y edificios de mi entorno.
- Puedo expresar opiniones sobre personas, lugares y comidas.

ESCRIBIR

- Puedo escribir mi autobiografía, explicando cómo soy y describiendo mi personalidad.
- Soy capaz de escribir la descripción de un monumento o edificio, describiendo cómo es y explicando mi opinión sobre él.
- Soy capaz de escribir las recetas para un menú sano.

¿Habías estado alguna vez en EL MUSEO DEL PRADO?

1 **Por parejas, vamos a preparar una entrevista para hacerle a un desconocido a la puerta de un museo. Lo primero que nos tenemos que plantear es qué quiero averiguar.**

- Nombre y apellidos
- Nacionalidad y lenguas que habla
- Aficiones
- Qué obra le ha gustado más del museo

2 **Elabora la lista de preguntas.**

3 **Prepara las fórmulas de cortesía para:**

- Saludar
- Pedir permiso
- Agradecer
- Despedirse correctamente

4 **Vamos a elegir un museo de Madrid o de cualquier otra ciudad de España. Buscaremos información sobre las distintas obras de arte que se exhiben en él y seleccionaremos una como nuestra favorita, para poder contestar a las preguntas de nuestro compañero.**

5 **Y ahora vamos a representar la entrevista ante la clase. No os olvidéis de:**

- Saludar al empezar
- Pedir permiso para hacer la entrevista
- Hablar claro
- Hacer las preguntas coherentemente con las respuestas que nos vaya dando el desconocido (compañero)
- Dar las gracias

MI PROGRESO [unidades 4, 5 y 6]

Completa tu autoevaluación señalando tu nivel de adquisición en las distintas habilidades.

Muy bien = **1**	Regular = **3**
Bien = **2**	Tengo que mejorar = **4**

ESCUCHAR

- Puedo entender a las personas cuando me hablan sobre sus hábitos de consumo.
- Soy capaz de entender a una persona contestando a una entrevista sobre sus propias experiencias.
- Puedo extraer información específica en una audición.

LEER

- Soy capaz de entender un artículo de opinión sobre actitudes ante la moda en un blog de internet.
- Soy capaz de entender un artículo del periódico sobre lo que se necesita para convertirse en corresponsal de guerra.
- Puedo entender un artículo en una revista con información sobre la actualidad musical.

COMUNICACIÓN

- Puedo hacer una reclamación en una tienda.
- Soy capaz de ponerme de acuerdo con un compañero para participar en una actividad organizada por él.
- Puedo llamar por teléfono a un compañero para quedar para ir a un concierto.

HABLAR

- Puedo expresar mis opiniones sobre hábitos de consumo.
- Soy capaz de pedir información sobre una actividad que voy a ayudar a organizar.
- Puedo hablar sobre mis gustos y experiencias musicales.

ESCRIBIR

- Puedo escribir un correo de reclamación y solicitar la devolución de un producto que está defectuoso.
- Soy capaz de escribir una carta al director de un periódico diciéndole lo que opino sobre su publicación.
- Soy capaz de escribir un artículo sobre la historia del grupo musical que más me gusta utilizando distintos tiempos de pasado.

UN CÓMIC

1. ¿Habéis leído un libro o visto alguna película últimamente que os haya interesado en especial? Vamos a convertirla en un cómic.
2. Por grupos, escoged los personajes principales. Elaborad la historia, asociando las frases a cada uno de los personajes.
3. Cread los diálogos, elaborando la historia.
4. Leedlos y grabadlos.
5. Cread el cómic o el póster con viñetas.
6. Representadlo ante la clase.

Tintín

Mortadelo y Filemón

Dragon Ball

MI PROGRESO [unidades 7, 8 y 9]

Completa tu autoevaluación señalando tu nivel de adquisición en las distintas habilidades.

Muy bien = **1**	Regular = **3**
Bien = **2**	Tengo que mejorar = **4**

ESCUCHAR

- Puedo entender información sobre campos de trabajo.
- Soy capaz de entender información sobre fiestas y medidas de seguridad.
- Puedo entender información específica escuchando una entrevista.

LEER

- Puedo entender anuncios de trabajo.
- Soy capaz de entender textos informativos sobre fiestas populares.
- Puedo leer cómics.

COMUNICACIÓN

- Puedo preguntar y contestar sobre mis planes laborales para el futuro.
- Soy capaz de preguntar y responder sobre los planes de vacaciones.
- Puedo preguntar y responder sobre cómics.

HABLAR

- Soy capaz de presentar mis ideas sobre un tema ante el resto de la clase.
- Puedo dar información sobre una fiesta tradicional de mi país.
- Puedo hablar sobre la rama del arte que más me interesa.

ESCRIBIR

- Puedo escribir una carta formal, utilizando el formato correcto y las fórmulas de cortesía.
- Puedo escribir un correo a un amigo contándole mis experiencias durante las vacaciones.
- Puedo escribir la reseña informativa de un videojuego o de un cómic.

Resumen gramatical

UNIDAD 1

USO DE *SER* Y *ESTAR*

- Usamos *ser* para:
  a) Identificar a alguien o algo.
  *Mira, ese **es** el hermano de Luis.*
  *Esto **es** una máquina nueva para hacer fotocopias.*
  b) Decir la hora y el día.
  ***Son** las tres en punto.*
  *Hoy **es** viernes.*
  c) Expresar el material y el origen de algo.
  *Esta mesa **es** de madera y **es** de Tailandia.*
  d) Describir las cosas y las personas.
  *Esa película **es** más divertida que la otra.*
  *Rocío **es** morena y muy alta.*
  *Y también **es** inteligente, trabajadora y un poco tímida.*
- Usamos *estar* para:
  a) Expresar estados físicos o anímicos.
  *Andrea **está** enferma desde hace un año.*
  *Mis padres **están** preocupados por la crisis.*
  b) Expresar el lugar donde se ubica algo o alguien.
  *La farmacia de Lola **está** cerca de la plaza Mayor.*
  c) Hablar de fechas.
  *Hoy **estamos** a dos de febrero.*

Ser / Estar

- Numerosos adjetivos se utilizan con ambos verbos. Con el primero, *ser*, se indican cualidades permanentes o definitorias. Con *estar* expresamos estados más o menos temporales.
  *Yo tengo 15 años y mi hermana María tiene 13, pero ella **es** más alta que yo.*
  *Mi hermana María **está** demasiado alta para su edad.*
  *Julia es una persona alegre, siempre **está** de buen humor.*

ORACIONES DE RELATIVO

- El pronombre relativo más general en español es *que*, y se usa tanto para personas como para cosas.
  *Rosa es la amiga **que** más quiero.*
  *Esta es la cámara **que** hace las mejores fotos.*
  *Este es el pueblo en el **que** conocí a Vicente.*
- Se usa el pronombre *donde* siempre que hablamos de lugar.
  *Nosotros hoy hemos pasado por la calle **donde** yo vivía antes de casarme.*

UNIDAD 2

PRETÉRITO INDEFINIDO

Verbos irregulares más frecuentes

decir: dije, dijiste, dijo, dijimos, dijisteis, dijeron
estar: estuve, estuviste, estuvo, estuvimos, estuvisteis, estuvieron
hacer: hice, hiciste, hizo, hicimos, hicisteis, hicieron
ir: fui, fuiste, fue, fuimos, fuisteis, fueron
poder: pude, pudiste, pudo, pudimos, pudisteis, pudieron
poner: puse, pusiste, puso, pusimos, pusisteis, pusieron
ser: fui, fuiste, fue, fuimos, fuisteis, fueron
tener: tuve, tuviste, tuvo, tuvimos, tuvisteis, tuvieron
venir: vine, viniste, vino, vinimos, vinisteis, vinieron

Verbos irregulares en tercera persona

construir (i > y): construí, construiste, **construyó**, construimos, construisteis, **construyeron**
dormir (o > u): dormí, dormiste, **durmió**, dormimos, dormisteis, **durmieron**
pedir (e > i): pedí, pediste, **pidió**, pedimos, pedisteis, **pidieron**

- Se usa para hablar de acciones en el pasado que se presentan terminadas. Acompaña a marcadores como el *mes / año / viernes pasado, en 2005, hace dos / cinco meses / años...*
  *El año pasado no **salí** de vacaciones.*
  *Elena **nació** en 1995.*
  ***Vi** a Pepe la última vez en abril de 2007.*
  ***Compré** el billete para México hace tres días.*

PREPOSICIONES DE LUGAR

A (a + el = al)
*Siempre voy **al** colegio andando.*
*¿Vienes **al** cine conmigo?*
*Lisandro siempre llega tarde **a** clase.*

DE
*El tren sale **de** Madrid.*

DE ... A / DESDE ... HASTA
***De** mi casa **a** la tuya hay tres kilómetros.*
*Vino corriendo **desde** la oficina **hasta** su casa.*

EN
*No encuentro el libro de Mates **en** la mochila.*
*Hace tiempo que no viajo **en** tren.*

HACIA
*Los ladrones corrieron **hacia** el norte.*

PARA
*La ambulancia ya va **para** el lugar del accidente.*

POR
*Todos los domingos paseo **por** el parque.*
*El autobús número 15 no pasa **por** mi calle.*

UNIDAD 3

Pretérito perfecto

- Se forma con el presente del verbo *haber* y el participio del verbo correspondiente.

hablar	comer	vivir
he hablado	he comido	he vivido
has hablado	has comido	has vivido
ha hablado	ha comido	ha vivido
hemos hablado	hemos comido	hemos vivido
habéis hablado	habéis comido	habéis vivido
han hablado	han comido	han vivido

Participios irregulares más frecuentes

abrir: abierto	**romper:** roto
decir: dicho	**poner:** puesto
hacer: hecho	**ver:** visto
escribir: escrito	**volver:** vuelto

- Se utiliza para hablar de actividades recientes ya acabadas, de experiencias vitales o de acciones cuyo marco temporal exacto no importa o no sabemos.
  *La profesora **ha llegado** ahora mismo.*
  *Mi tía Rosa **ha viajado** mucho.*
  *Mi hermano pequeño **ha perdido** mi mochila.*
- Va acompañado de marcadores temporales como *hoy, esta mañana, últimamente, recientemente, nunca, alguna vez, ya, todavía no...*
  *<u>Últimamente</u> no **he visto** a Eduardo.*

UNIDAD 4

Presente de subjuntivo

Verbos regulares

hablar	comer	vivir
hable	coma	viva
hables	comas	vivas
hable	coma	viva
hablemos	comamos	vivamos
habléis	comáis	viváis
hablen	coman	vivan

Verbos irregulares más frecuentes

conocer: conozca, conozcas, conozca, conozcamos, conozcáis, conozcan
decir: diga, digas, diga, digamos, digáis, digan
estar: esté, estés, esté, estemos, estéis, estén
hacer: haga, hagas, haga, hagamos, hagáis, hagan
ir: vaya, vayas, vaya, vayamos, vayáis, vayan
salir: salga, salgas, salga, salgamos, salgáis, salgan
ser: sea, seas, sea, seamos, seáis, sean
saber: sepa, sepas, sepa, sepamos, sepáis, sepan
tener: tenga, tengas, tenga, tengamos, tengáis, tengan
venir: venga, vengas, venga, vengamos, vengáis, vengan

Verbos irregulares con cambio vocálico

O > UE poder	E > UE querer	E > I pedir
pueda	quiera	pida
puedas	quieras	pidas
pueda	quiera	pida
podamos	queramos	pidamos
podáis	queráis	pidáis
puedan	quieran	pidan

- El modo subjuntivo suele aparecer en las oraciones dependientes de verbos que expresan sentimientos, deseos, necesidad, gustos, valoraciones e inseguridad.
  Necesito que me ***compres*** *unas zapatillas nuevas.*
- El presente de subjuntivo tiene valor de presente o futuro.
  Espero que mi novio ***piense*** *en mí.* (ahora mismo / a todas horas / en el futuro)
  Necesito (yo) *que me* ***dejes*** (tú) *tus apuntes.*
- También aparece en oraciones independientes que expresan deseos y empiezan por *que*.
  ¡Que ***tengas*** *buen viaje!*
- Si el sujeto del verbo principal y el del verbo dependiente es el mismo, entonces se usa el infinitivo en la segunda oración.
  Espero (yo) *no* ***llegar*** (yo) *tarde a clase.*

CONCORDANCIA DE NOMBRES Y ADJETIVOS

- El adjetivo calificativo concuerda en género y número con el nombre al que acompaña.

	masculino	femenino
singular	un bolso blanco un traje verde un vestido rosa	una camisa blanca una camisa verde una camisa rosa
plural	unos bolsos blancos unos trajes verdes unos vestidos rosas	unas camisas blancas unas camisas verdes unas camisas rosas

- Los adjetivos de color pueden tener cuatro terminaciones *(blanco - blanca - blancos - blancas)* o dos terminaciones *(azul - azules).*

UNIDAD 5

PRETÉRITO IMPERFECTO

Verbos regulares

hablar	comer	vivir
hablaba	comía	vivía
hablabas	comías	vivías
hablaba	comía	vivía
hablábamos	comíamos	vivíamos
hablabais	comíais	vivíais
hablaban	comían	vivían

Verbos irregulares

ir	ser	ver
iba	era	veía
ibas	eras	veías
iba	era	veía
íbamos	éramos	veíamos
ibais	erais	veíais
iban	eran	veían

- Se usa el pretérito imperfecto para hablar de actividades pasadas en desarrollo, que no se ven acabadas.
  Cuando ***salía*** *del cole, empezó a llover.*
- También lo usamos para hablar de acciones habituales en el pasado.
  Yo antes ***estudiaba*** *piano, pero ahora no.*
- Para hablar y describir las circunstancias en que sucedieron unos hechos.
  Tenía *el pelo muy largo cuando* ***tenía*** *diez años.*
  Era *de noche, no* ***veíamos*** *nada y por eso tuvimos el accidente.*
  Cuando ***salía*** *del cole,* ***empezó*** *a llover.*

IMPERATIVO

Verbos regulares

HABLAR		COMER		VIVIR	
afirmativo	**negativo**	**afirmativo**	**negativo**	**afirmativo**	**negativo**
(tú) habla	no hables	(tú) come	no comas	(tú) vive	no vivas
(usted) hable	no hable	(usted) coma	no coma	(usted) viva	no viva
(vosotros/-as) hablad	no habléis	(vosotros/-as) comed	no comáis	(vosotros/-as) vivid	no viváis
(ustedes) hablen	no hablen	(ustedes) coman	no coman	(ustedes) vivan	no vivan

Verbos irregulares más frecuentes

HACER		PONER	
afirmativo	**negativo**	**afirmativo**	**negativo**
(tú) haz	no hagas	(tú) pon	no pongas
(usted) haga	no haga	(usted) ponga	no ponga
(vosotros/-as) haced	no hagáis	(vosotros/-as) poned	no pongáis
(ustedes) hagan	no hagan	(ustedes) pongan	no pongan

TENER		TRAER		VENIR	
afirmativo	**negativo**	**afirmativo**	**negativo**	**afirmativo**	**negativo**
(tú) ten	no tengas	(tú) trae	no traigas	(tú) ven	no vengas
(usted) tenga	no tenga	(usted) traiga	no traiga	(usted) venga	no venga
(vosotros/-as) tened	no tengáis	(vosotros/-as) traed	no traigáis	(vosotros/-as) venid	no vengáis
(ustedes) tengan	no tengan	(ustedes) traigan	no traigan	(ustedes) vengan	no vengan

Verbos irregularescon cambio vocálico

CERRAR (E > IE)	
afirmativo	**negativo**
(tú) cierra	no cierres
(usted) cierre	no cierre
(vosotros/-as) cerrad	no cerréis
(ustedes) cierren	no cierren

PEDIR (E > I)	
afirmativo	**negativo**
(tú) pide	no pidas
(usted) pida	no pida
(vosotros/-as) pedid	no pidáis
(ustedes) pidan	no pidan

- El imperativo se usa para dar instrucciones, órdenes, consejos y sugerencias.
  *Si no sabes qué significa, **míra**lo en el diccionario.*
  *Carlos, **da**me ese papel.*
  *Si te duele la cabeza, **toma** una aspirina.*
- Con el imperativo afirmativo los pronombres van detrás y en la misma palabra.
  Imperativo + objeto directo: *Lée**los**.*
  Imperativo + objeto indirecto + objeto directo: *Llevá**oslos**.*
- Con el imperativo negativo los pronombres van entre la negación y el verbo.
  *No **los** compres.*
  *No **se los** lleves.*

UNIDAD 6

PRETÉRITO PLUSCUAMPERFECTO

- Se forma con el pretérito imperfecto del verbo *haber* y el participio del verbo correspondiente.

había habías había habíamos habíais habían	+	hablado comido vivido

- Se usa para hablar de una acción pasada anterior a otra también pasada.
  *Cuando llegamos a la clase, el profesor ya **se había ido**.* («irse el profesor» es anterior a «llegar a clase»)

ADVERBIOS DE MODO

- Los adverbios se usan para modificar al verbo, a un adjetivo o a otro adverbio. Cuando acompañan al verbo, describen el modo, el tiempo, el lugar o la cantidad de la acción.
  *Óscar escribe **muy bien**.*
  *María siempre llega **pronto**.*
  *Este autobús va **muy despacio**.*
- Podemos formar adverbios de modo añadiendo **-mente** a los adjetivos en su forma femenina.
  *Fernando habla **correctamente** tres idiomas. (correcto/-a + mente)*
  *Mi hermano duerme **profundamente**. (profundo/-a + mente)*

UNIDAD 7

EL GÉNERO DE LOS NOMBRES DE PROFESIONES

masculino	femenino
el camarero	la camarera
el pintor	la pintora
el pianista	la pianista
el estudiante	la estudiante
el presidente	la presidenta
el juez	la juez(a)
el médico	la médico/-a
el modelo	la modelo
el actor	la actriz
el alcalde	la alcaldesa
el poeta	la poetisa
el abogado	la abogado/-a
el dependiente	la dependienta

ORACIONES TEMPORALES CON *CUANDO*

- Las oraciones subordinadas temporales pueden llevar el verbo en indicativo o subjuntivo:
  - **Indicativo:** cuando sitúan la acción en el presente o en el pasado.
    ***Cuando vivía** en Barcelona, aprendí catalán.*
    *Se acostó **cuando terminó** la película.*
    ***Cuando veo** a María, me pongo muy contenta.*
  - **Subjuntivo:** cuando la acción se sitúa en el futuro.
    *Iré a verte **cuando tenga** tiempo.*
    ***Cuando veas** a Pepa, dale recuerdos.*
    ***Cuando quieras**, te ayudaré con las matemáticas.*
- Si la oración es interrogativa, no es subordinada y se construye en indicativo.
  *¿**Cuándo vas** a ir al médico?*
  *¿**Cuándo nos darán** las notas de los exámenes?*

OBLIGACIÓN Y NECESIDAD

- Expresar obligación impersonal (*hay* + *que* + infinitivo): es una generalización que vale para todo el mundo.
  *Para encontrar trabajo **hay que leer** los anuncios de ofertas en el periódico o en internet.*
- Expresar obligación personal (*tener* + *que* + infinitivo): indica la persona obligada a hacer algo. Se usa esta forma para expresar mandatos, consejos y recomendaciones.
  *Eduardo antes de salir **tienes que hacer** los deberes y ordenar tu dormitorio.*

UNIDAD 8

ES + ADJETIVO + *(QUE)* + INFINITIVO / SUBJUNTIVO

- Con esta estructura suelen hacerse valoraciones de un evento. También se dan instrucciones, normas, consejos.
- Si no hay un sujeto concreto, se utiliza el verbo en infinitivo. Es una generalización.
  ***Es necesario estudiar** los verbos para aprender bien español.*
- Si el mensaje tiene un sujeto concreto, se utiliza la forma en subjuntivo.
  ***Es necesario que** (tú) **estudies** los verbos si quieres aprobar.*
  ***Es lógico que** María **esté** triste.*
- En algunas situaciones, las dos estructuras son posibles:
  *Normalmente no llueve en la costa, pero **es mejor llevar / que llevemos** el paraguas por precaución.*
- La lista de adjetivos que rigen subjuntivo es muy amplia, pero hay que tener en cuenta que unos pocos de ellos exigen el verbo de la subordinada en indicativo. Son adjetivos con los que el hablante expresa su seguridad en lo afirmado.
  ***Ya es seguro** que el cantante Juanes **vendrá** en julio a Sevilla.*

USOS DE LA PREPOSICIÓN *A*

- Con verbos de movimiento.
  *Voy **a** clase.*
  *¿Vienes **a** clase conmigo?*
  *Olga llega siempre tarde **a** clase.*

- Distribución, frecuencia.
  *Voy **al** gimnasio dos veces a la semana.*

- Con las horas.
  *Ven **a** las tres.*

- Con el verbo *estar* + una cantidad.
  *Estamos **a** dos de febrero.* (fecha)
  *Estamos **a** cero grados.* (temperatura)
  *Estamos **a** 80 kilómetros de Madrid.* (distancia)
  *Hoy las naranjas están **a** un euro el kilo.* (precio)

- Para indicar la velocidad.
  *Por esta calle puedes ir **a** más de 30 kilómetros por hora.*

- Delante del objeto directo de persona (o de animales o cosas personificadas).
  *Espero **a** unos amigos.*
  *Buscamos **al** gato de Eduardo.*
  *Saluda **al** sol cada mañana.*

- Con el objeto indirecto.
  *Déjale el libro **a** tu compañero.*

- Para una serie de expresiones como: ***a** dieta, **a** oscuras, **a** la derecha, **a** la plancha...* A veces **al**: ***al** principio, **al** final.*

UNIDAD 9

ORACIONES FINALES

- Para expresar finalidad se utiliza una estructura que puede llevar el verbo en infinitivo o subjuntivo:
  - **Infinitivo:** si el sujeto de la oración principal y la subordinada es el mismo.

    Pepa hace mucho deporte *para estar en forma.*
    (ella) (ella)

  - **Subjuntivo:** si el sujeto de cada oración es diferente.

    He llamado a Víctor *para que me lo explique.*
    (yo) (él)

- Si la oración es interrogativa, lleva siempre el nexo seguido de *qué* + indicativo.

  *¿**Para qué sirve** un botijo?*

CONTRARIOS

- Para formar el contrario de algunos adjetivos se utilizan los prefijos *in-, im-, i-.*

  *culto / **in**culto, paciente / **im**paciente, legible / **i**legible, responsable / **i**rresponsable* (i- + r- = irr-)

- Con el prefijo *des-* se puede formar el contrario de muchos verbos y algunos adjetivos.

  *ordenar / **des**ordenar, conectar / **des**conectar*

PRONOMBRES

Pronombres personales de sujeto, de objeto directo y de objeto indirecto

Sujeto	O. directo	O. indirecto
yo	me	me
tú	te	te
él / ella / Ud.	lo / la	le (se)
nosotros/-as	nos	nos
vosotros/-as	os	os
ellos / ellas / Uds.	los / las	les (se)

Sujeto

- *¿Sois italianas?*
- *No, **yo** soy francesa y **ella** es española.*

Objeto directo

- *¿Conoces a la profesora de gimnasia?*
- *No, no **la** conozco, ¿cómo es?*

*Juan **te** espera en la puerta del cine.* (a ti)

Objeto indirecto

- *¿Le has dado el diccionario a la profesora?*
- *Sí, ya ~~le~~ **se** lo he dado.*

1 FORMAS SIMPLES

VERBOS REGULARES

INDICATIVO				SUBJUNTIVO	IMPERATIVO	
Presente	Pretérito imperfecto	Pretérito indefinido	Futuro	Presente	Afirmativo	Negativo
HABLAR		Gerundio: **hablando**		Participio: **hablado**		
habl**o**	habl**aba**	habl**é**	habl**aré**	habl**e**		
habl**as**	habl**abas**	habl**aste**	habl**arás**	habl**es**	habl**a**	no habl**es**
habl**a**	habl**aba**	habl**ó**	habl**ará**	habl**e**	habl**e**	no habl**e**
habl**amos**	habl**ábamos**	habl**amos**	habl**aremos**	habl**emos**		
habl**áis**	habl**abais**	habl**asteis**	habl**aréis**	habl**éis**	habl**ad**	no habl**éis**
habl**an**	habl**aban**	habl**aron**	habl**arán**	habl**en**	habl**en**	no habl**en**
COMER		Gerundio: **comiendo**		Participio: **comido**		
com**o**	com**ía**	com**í**	com**eré**	com**a**		
com**es**	com**ías**	com**iste**	com**erás**	com**as**	com**e**	no com**as**
com**e**	com**ía**	com**ió**	com**erá**	com**a**	com**a**	no com**a**
com**emos**	com**íamos**	com**imos**	com**eremos**	com**amos**		
com**éis**	com**íais**	com**isteis**	com**eréis**	com**áis**	com**ed**	no com**áis**
com**en**	com**ían**	com**ieron**	com**erán**	com**an**	com**an**	no com**an**
VIVIR		Gerundio: **viviendo**		Participio: **vivido**		
viv**o**	viv**ía**	viv**í**	viv**iré**	viv**a**		
viv**es**	viv**ías**	viv**iste**	viv**irás**	viv**as**	viv**e**	no viv**as**
viv**e**	viv**ía**	viv**ió**	viv**irá**	viv**a**	viv**a**	no viv**a**
viv**imos**	viv**íamos**	viv**imos**	viv**iremos**	viv**amos**		
viv**ís**	viv**íais**	viv**isteis**	viv**iréis**	viv**áis**	viv**id**	no viv**áis**
viv**en**	viv**ían**	viv**ieron**	viv**irán**	viv**an**	viv**an**	no viv**an**

VERBOS IRREGULARES

INDICATIVO Presente	Pretérito imperfecto	Pretérito indefinido	Futuro	SUBJUNTIVO Presente	IMPERATIVO Afirmativo	Negativo
CAER		Gerundio: **cayendo**		Participio: **caído**		
caigo	caía	caí	caeré	caiga		
caes	caías	caíste	caerás	caigas	cae	no caigas
cae	caía	cayó	caerá	caiga	caiga	no caiga
caemos	caíamos	caímos	caeremos	caigamos		
caéis	caíais	caísteis	caeréis	caigáis	caed	no caigáis
caen	caían	cayeron	caerán	caigan	caigan	no caigan
CERRAR		Gerundio: **cerrando**		Participio: **cerrado**		
cierro	cerraba	cerré	cerraré	cierre		
cierras	cerrabas	cerraste	cerrarás	cierres	cierra	no cierres
cierra	cerraba	cerró	cerrará	cierre	cierre	no cierre
cerramos	cerrábamos	cerramos	cerraremos	cerremos		
cerráis	cerrabais	cerrasteis	cerraréis	cerréis	cerrad	no cerréis
cierran	cerraban	cerraron	cerrarán	cierren	cierren	no cierren
CONOCER		Gerundio: **conociendo**		Participio: **conocido**		
conozco	conocía	conocí	conoceré	conozca		
conoces	conocías	conociste	conocerás	conozcas	conoce	no conozcas
conoce	conocía	conoció	conocerá	conozca	conozca	no conozca
conocemos	conocíamos	conocimos	conoceremos	conozcamos		
conocéis	conocíais	conocisteis	conoceréis	conozcáis	conoced	no conozcáis
conocen	conocían	conocieron	conocerán	conozcan	conozcan	no conozcan
DAR		Gerundio: **dando**		Participio: **dado**		
doy	daba	di	daré	dé		
das	dabas	diste	darás	des	da	no des
da	daba	dio	dará	dé	dé	no dé
damos	dábamos	dimos	daremos	demos		
dais	dabais	disteis	daréis	deis	dad	no deis
dan	daban	dieron	darán	den	den	no den
DECIR		Gerundio: **diciendo**		Participio: **dicho**		
digo	decía	dije	diré	diga		
dices	decías	dijiste	dirás	digas	di	no digas
dice	decía	dijo	dirá	diga	diga	no diga
decimos	decíamos	dijimos	diremos	digamos		
decís	decíais	dijisteis	diréis	digáis	decid	no digáis
dicen	decían	dijeron	dirán	digan	digan	no digan
DORMIR		Gerundio: **durmiendo**		Participio: **dormido**		
duermo	dormía	dormí	dormiré	duerma		
duermes	dormías	dormiste	dormirás	duermas	duerme	no duermas
duerme	dormía	durmió	dormirá	duerma	duerma	no duerma
dormimos	dormíamos	dormimos	dormiremos	durmamos		
dormís	dormíais	dormisteis	dormiréis	durmáis	dormid	no durmáis
duermen	dormían	durmieron	dormirán	duerman	duerman	no duerman

INDICATIVO Presente	Pretérito imperfecto	Pretérito indefinido	Futuro	SUBJUNTIVO Presente	IMPERATIVO Afirmativo	Negativo
EMPEZAR		Gerundio: **empezando**		Participio: **empezado**		
empiezo	empezaba	empecé	empezaré	empiece		
empiezas	empezabas	empezaste	empezarás	empieces	empieza	no empieces
empieza	empezaba	empezó	empezará	empiece	empiece	no empiece
empezamos	empezábamos	empezamos	empezaremos	empecemos		
empezáis	empezabais	empezasteis	empezaréis	empecéis	empezad	no empecéis
empiezan	empezaban	empezaron	empezarán	empiecen	empiecen	no empiecen
ESTAR		Gerundio: **estando**		Participio: **estado**		
estoy	estaba	estuve	estaré	esté		
estás	estabas	estuviste	estarás	estés	está	no estés
está	estaba	estuvo	estará	esté	esté	no esté
estamos	estábamos	estuvimos	estaremos	estemos		
estáis	estabais	estuvisteis	estaréis	estéis	estad	no estéis
están	estaban	estuvieron	estarán	estén	estén	no estén
HACER		Gerundio: **haciendo**		Participio: **hecho**		
hago	hacía	hice	haré	haga		
haces	hacías	hiciste	harás	hagas	haz	no hagas
hace	hacía	hizo	hará	haga	haga	no haga
hacemos	hacíamos	hicimos	haremos	hagamos		
hacéis	hacíais	hicisteis	haréis	hagáis	haced	no hagáis
hacen	hacían	hicieron	harán	hagan	hagan	no hagan
IR		Gerundio: **yendo**		Participio: **ido**		
voy	iba	fui	iré	vaya		
vas	ibas	fuiste	irás	vayas	ve	no vayas
va	iba	fue	irá	vaya	vaya	no vaya
vamos	íbamos	fuimos	iremos	vayamos		
vais	ibais	fuisteis	iréis	vayáis	id	no vayáis
van	iban	fueron	irán	vayan	vayan	no vayan
JUGAR		Gerundio: **jugando**		Participio: **jugado**		
juego	jugaba	jugué	jugaré	juegue		
juegas	jugabas	jugaste	jugarás	juegues	juega	no juegues
juega	jugaba	jugó	jugará	juegue	juegue	no juegue
jugamos	jugábamos	jugamos	jugaremos	juguemos		
jugáis	jugabais	jugasteis	jugaréis	juguéis	jugad	no juguéis
juegan	jugaban	jugaron	jugarán	jueguen	jueguen	no jueguen
LEER		Gerundio: **leyendo**		Participio: **leído**		
leo	leía	leí	leeré	lea		
lees	leías	leíste	leerás	leas	lee	no leas
lee	leía	leyó	leerá	lea	lea	no lea
leemos	leíamos	leímos	leeremos	leamos		
leéis	leíais	leísteis	leeréis	leáis	leed	no leáis
leen	leían	leyeron	leerán	lean	lean	no lean

INDICATIVO				SUBJUNTIVO	IMPERATIVO	
Presente	Pretérito imperfecto	Pretérito indefinido	Futuro	Presente	Afirmativo	Negativo
MOVER		Gerundio: **moviendo**		Participio: **movido**		
muevo	movía	moví	moveré	mueva		
mueves	movías	moviste	moverás	muevas	mueve	no muevas
mueve	movía	movió	moverá	mueva	mueva	no mueva
movemos	movíamos	movimos	moveremos	movamos		
movéis	movíais	movisteis	moveréis	mováis	moved	no mováis
mueven	movían	movieron	moverán	muevan	muevan	no muevan
OÍR		Gerundio: **oyendo**		Participio: **oído**		
oigo	oía	oí	oiré	oiga		
oyes	oías	oíste	oirás	oigas	oye	no oigas
oye	oía	oyó	oirá	oiga	oiga	no oiga
oímos	oíamos	oímos	oiremos	oigamos		
oís	oíais	oísteis	oiréis	oigáis	oíd	no oigáis
oyen	oían	oyeron	oirán	oigan	oigan	no oigan
PEDIR		Gerundio: **pidiendo**		Participio: **pedido**		
pido	pedía	pedí	pediré	pida		
pides	pedías	pediste	pedirás	pidas	pide	no pidas
pide	pedía	pidió	pedirá	pida	pida	no pida
pedimos	pedíamos	pedimos	pediremos	pidamos		
pedís	pedíais	pedisteis	pediréis	pidáis	pedid	no pidáis
piden	pedían	pidieron	pedirán	pidan	pidan	no pidan
PENSAR		Gerundio: **pensando**		Participio: **pensado**		
pienso	pensaba	pensé	pensaré	piense		
piensas	pensabas	pensaste	pensarás	pienses	piensa	no pienses
piensa	pensaba	pensó	pensará	piense	piense	no piense
pensamos	pensábamos	pensamos	pensaremos	pensemos		
pensáis	pensabais	pensasteis	pensaréis	penséis	pensad	no penséis
piensan	pensaban	pensaron	pensarán	piensen	piensen	no piensen
PERDER		Gerundio: **perdiendo**		Participio: **perdido**		
pierdo	perdía	perdí	perderé	pierda		
pierdes	perdías	perdiste	perderás	pierdas	pierde	no pierdas
pierde	perdía	perdió	perderá	pierda	pierda	no pierda
perdemos	perdíamos	perdimos	perderemos	perdamos		
perdéis	perdíais	perdisteis	perderéis	perdáis	perded	no perdáis
pierden	perdían	perdieron	perderán	pierdan	pierdan	no pierdan
PODER		Gerundio: **pudiendo**		Participio: **podido**		
puedo	podía	pude	podré	pueda		
puedes	podías	pudiste	podrás	puedas	puede	no puedas
puede	podía	pudo	podrá	pueda	pueda	no pueda
podemos	podíamos	pudimos	podremos	podamos		
podéis	podíais	pudisteis	podréis	podáis	poded	no podáis
pueden	podían	pudieron	podrán	puedan	puedan	no puedan

INDICATIVO				SUBJUNTIVO	IMPERATIVO	
Presente	Pretérito imperfecto	Pretérito indefinido	Futuro	Presente	Afirmativo	Negativo
PONER		Gerundio: **poniendo**		Participio: **puesto**		
pongo	ponía	puse	pondré	ponga		
pones	ponías	pusiste	pondrás	pongas	pon	no pongas
pone	ponía	puso	pondrá	ponga	ponga	no ponga
ponemos	poníamos	pusimos	pondremos	pongamos		
ponéis	poníais	pusisteis	pondréis	pongáis	poned	no pongáis
ponen	ponían	pusieron	pondrán	pongan	pongan	no pongan
QUERER		Gerundio: **queriendo**		Participio: **querido**		
quiero	quería	quise	querré	quiera		
quieres	querías	quisiste	querrás	quieras	quiere	no quieras
quiere	quería	quiso	querrá	quiera	quiera	no quiera
queremos	queríamos	quisimos	querremos	queramos		
queréis	queríais	quisisteis	querréis	queráis	quered	no queráis
quieren	querían	quisieron	querrán	quieran	quieran	no quieran
REÍR		Gerundio: **riendo**		Participio: **reído**		
río	reía	reí	reiré	ría		
ríes	reías	reíste	reirás	rías	ríe	no rías
ríe	reía	rió	reirá	ría	ría	no ría
reímos	reíamos	reímos	reiremos	riamos		
reís	reíais	reísteis	reiréis	riais	reíd	no riáis
ríen	reían	rieron	reirán	rían	rían	no rían
SABER		Gerundio: **sabiendo**		Participio: **sabido**		
sé	sabía	supe	sabré	sepa		
sabes	sabías	supiste	sabrás	sepas	sabe	no sepas
sabe	sabía	supo	sabrá	sepa	sepa	no sepa
sabemos	sabíamos	supimos	sabremos	sepamos		
sabéis	sabíais	supisteis	sabréis	sepáis	sabed	no sepáis
saben	sabían	supieron	sabrán	sepan	sepan	no sepan
SALIR		Gerundio: **saliendo**		Participio: **salido**		
salgo	salía	salí	saldré	salga		
sales	salías	saliste	saldrás	salgas	sal	no salgas
sale	salía	salió	saldrá	salga	salga	no salga
salimos	salíamos	salimos	saldremos	salgamos		
salís	salíais	salisteis	saldréis	salgáis	salid	no salgáis
salen	salían	salieron	saldrán	salgan	salgan	no salgan
SENTIR		Gerundio: **sintiendo**		Participio: **sentido**		
siento	sentía	sentí	sentiré	sienta		
sientes	sentías	sentiste	sentirás	sientas	siente	no sientas
siente	sentía	sintió	sentirá	sienta	sienta	no sienta
sentimos	sentíamos	sentimos	sentiremos	sintamos		
sentís	sentíais	sentisteis	sentiréis	sintáis	sentid	no sintáis
sienten	sentían	sintieron	sentirán	sientan	sientan	no sientan

INDICATIVO				SUBJUNTIVO	IMPERATIVO	
Presente	**Pretérito imperfecto**	**Pretérito indefinido**	**Futuro**	**Presente**	**Afirmativo**	**Negativo**
SER		Gerundio: **siendo**		Participio: **sido**		
soy	era	fui	seré	sea		
eres	eras	fuiste	serás	seas	sé	no seas
es	era	fue	será	sea	sea	no sea
somos	éramos	fuimos	seremos	seamos		
sois	erais	fuisteis	serán	seáis	sed	no seáis
son	eran	fueron	será	sean	sean	no sean
TENER		Gerundio: **teniendo**		Participio: **tenido**		
tengo	tenía	tuve	tendré	tenga		
tienes	tenías	tuviste	tendrás	tengas	ten	no tengas
tiene	tenía	tuvo	tendrá	tenga	tenga	no tenga
tenemos	teníamos	tuvimos	tendremos	tengamos		
tenéis	teníais	tuvisteis	tendréis	tengáis	tened	no tengáis
tienen	tenían	tuvieron	tendrán	tengan	tengan	no tengan
TRAER		Gerundio: **trayendo**		Participio: **traído**		
traigo	traía	traje	traeré	traiga		
traes	traías	trajiste	traerás	traigas	trae	no traigas
trae	traía	trajo	traerá	traiga	traiga	no traiga
traemos	traíamos	trajimos	traeremos	traigamos		
traéis	traíais	trajisteis	traeréis	traigáis	traed	no traigáis
traen	traían	trajeron	traerán	traigan	traigan	no traigan
VENIR		Gerundio: **viniendo**		Participio: **venido**		
vengo	venía	vine	vendré	venga		
vienes	venías	viniste	vendrás	vengas	ven	no vengas
viene	venía	vino	vendrá	venga	venga	no venga
venimos	veníamos	vinimos	vendremos	vengamos		
venís	veníais	vinisteis	vendréis	vengáis	venid	no vengáis
vienen	venían	vinieron	vendrán	vengan	vengan	no vengan
VER		Gerundio: **viendo**		Participio: **visto**		
veo	veía	vi	veré	vea		
ves	veías	viste	verás	veas	ve	no veas
ve	veía	vio	verá	vea	vea	no vea
vemos	veíamos	vimos	veremos	veamos		
veis	veíais	visteis	veréis	veáis	ved	no veáis
ven	veían	vieron	verán	vean	vean	no vean
VOLVER		Gerundio: **volviendo**		Participio: **vuelto**		
vuelvo	volvía	volví	volveré	vuelva		
vuelves	volvías	volviste	volverás	vuelvas	vuelve	no vuelvas
vuelve	volvía	volvió	volverá	vuelva	vuelva	no vuelva
volvemos	volvíamos	volvimos	volveremos	volvamos		
volvéis	volvíais	volvisteis	volveréis	volváis	volved	no volváis
vuelven	volvían	volvieron	volverán	vuelvan	vuelvan	no vuelvan

2 FORMAS COMPUESTAS

INDICATIVO			
Pretérito perfecto (Presente de *haber* + participio)		**Pretérito pluscuamperfecto** (Pretérito imperfecto de *haber* + participio)	
he	comprado	había	comprado
has	vendido	habías	vendido
ha +	escrito	había +	escrito
hemos	hecho	habíamos	hecho
habéis	leído	habíais	leído
han	…	habían	…

- Los tiempos compuestos se forman con la forma correspondiente del verbo *haber* y el participio del verbo.
- La única irregularidad en estas formas está en los participios de algunos verbos.

PARTICIPIOS REGULARES

Se forman con las terminaciones **-ado** (verbos en **-ar**) e **-ido** (verbos en **-er**, **-ir**):

HABLAR	COMER	DORMIR
habl**ado**	com**ido**	dorm**ido**

PARTICIPIOS IRREGULARES

Estos son los principales participios irregulares:

ROMPER	ABRIR	ESCRIBIR	PONER	VER	DECIR	VOLVER	HACER
roto	abierto	escrito	puesto	visto	dicho	vuelto	hecho

Transcripciones

PUNTO DE PARTIDA
COMUNICACIÓN

1 Ejercicio 2
ENTREVISTADOR: ¿Qué estudias?

PABLO: Estudio 3.º de Secundaria.

ENTREVISTADOR: ¿Cuáles son tus aficiones favoritas?

PABLO: Mis aficiones favoritas son escuchar música y tocar la guitarra.

ENTREVISTADOR: ¿Qué haces los fines de semana?

PABLO: Los fines de semana hago deporte y salgo con mis amigos.

ENTREVISTADOR: ¿Te gusta la televisión?

PABLO: No, no mucho. Solo veo programas deportivos o musicales.

ENTREVISTADOR: ¿Cuál es tu grupo preferido?

PABLO: Mi grupo preferido es Tokio Hotel.

ENTREVISTADOR: ¿Has salido alguna vez fuera de tu país?

PABLO: No, nunca he salido de mi país. Pero si apruebo este curso, mis padres me llevarán de vacaciones a España.

UNIDAD 1
¿Cómo eres?
VOCABULARIO

2 Ejercicio 1
Positivos: generoso, sincero, estudioso, trabajador, sensible, cariñoso, simpático, independiente.

Negativos: tacaño, callado, vago, mentiroso, egoísta, tímido, hablador, serio, frío.

COMUNICACIÓN

3 Ejercicio 1
ENRIQUE: ¡Hola, Alba! ¿Qué tal tus vacaciones?

ALBA: ¡Fantásticas! He estado en Benidorm.

ENRIQUE: ¡Uf! ¿Te gustan los sitios donde hay mucha gente?

ALBA: Sí, me gustan mucho. Hay mucho ambiente: discotecas, restaurantes, bares...

ENRIQUE: A mí me molesta tanta gente. Yo prefiero ir al norte. A mí me gustan las playas donde puedes estar tranquilo.

ALBA: Sí, es muy bonito, pero hace mal tiempo y es un poco aburrido. En Benidorm he conocido a muchos amigos extranjeros. A mí me encanta conocer a las personas que vienen de otros países.

ENRIQUE: Yo prefiero estar con mis colegas. Me gustan los amigos con los que puedes hablar de tus cosas y compartir las nuevas experiencias.

ALBA: Bueno, está claro que nos gustan cosas diferentes. Pero no me importaría conocer a tus amigos. Si quieres, podemos ir juntos algún día a la discoteca.

ENRIQUE: Es que... las discotecas no me gustan mucho. ¿Por qué no quedamos en un parque?

4 Ejercicio 3
MIGUEL: Rosa, ¿conoces a toda la gente que hay en la fiesta?

ROSA: Sí, conozco a la mayoría, ¿por qué?

MIGUEL: ¿Quién es ese que está bailando con Susana?

ROSA: Es Alberto. Está en la clase de tu hermana.

MIGUEL: ¿Y quién es esa de la camisa roja?

ROSA: ¿Por qué? ¿Te gusta? Pues es Sandra, la novia de mi compañero Álvaro.

MIGUEL: ¿Y quién es aquella de los pantalones verdes?

ROSA: Es mi amiga Sara. Si quieres, te la presento.

MIGUEL: ¿Tiene novio?

ROSA: No, creo que no. Y además le gustan los chicos que son como tú: pesados y preguntones.

COMUNICACIÓN Y VOCABULARIO

5 Ejercicio 2
Cara: bigote, barba, arrugas.

Pelo: calvo, rubio, rizado, moreno, largo, liso, corto, pelirrojo.

Altura y constitución: altura media, grueso, bajo, alto, delgado, fuerte.

General: guapo, feo, tatuajes.

DESTREZAS

6 Ejercicio 1
Me llamo Clara y estudio en el instituto Los Naranjos desde hace tres años. Soy morena y tengo el pelo liso. Mi madre dice que como muy poco y que estoy un poco delgada. Soy la más alta de la clase. Bueno, después de Rubén, que es un poco más alto.

Lo que más destaca de mi personalidad es lo sociable que soy. Me gusta mucho relacionarme con los demás, no solo con mis amigos, con mi familia también. Para mí la amistad es lo más importante en la vida. Después de mis amigos, lo que más me interesa es la música. Me encanta tocar la guitarra. Espero formar un grupo algún día.

También me gusta hacer deporte. Soy muy aficionada al baloncesto. Me gusta jugar y verlo por la televisión. Sobre todo la NBA. Juego en una liga juvenil. Entreno dos días a la semana y jugamos un partido los sábados por la mañana. Después del entrenamiento, me encanta ir con las compañeras del equipo a algún lugar donde hablar tranquilamente sobre nuestras cosas.

Tengo un diario y me gusta mucho escribir todas las noches lo que he hecho durante el día. De mayor quiero ser periodista y viajar por todo el mundo.

DESTREZAS

7 Ejercicio 2
No es fácil decir cómo me veo a mí mismo porque no siempre actúo de la misma manera. Por un lado creo que soy un chico responsable y serio, pero por otro lado me gusta mucho divertirme con mis amigos y hacer tonterías.

Algunas veces me gusta estar solo en casa y jugar con el ordenador. También me gusta leer. Pero otras veces me gusta estar en casa con mis amigos, pedir unas *pizzas*, pasar la noche juntos y acostarnos muy tarde. Pienso que en la vida debe haber tiempo para todo, por lo que las dos caras de mi personalidad se complementan. Lo importante es no dejar nunca de ser tú mismo.

UNIDAD 2
Lugares
VOCABULARIO

8 Ejercicio 1
1 rascacielos; **2** auditorio; **3** museo; **4** catedral; **5** ayuntamiento; **6** chalé adosado; **7** piso; **8** ascensor; **9** escalera; **10** bloque; **11** portal; **12** fachada.

Ejercicio 7

El *tour* del Bernabéu

El estadio Santiago Bernabéu es un recinto deportivo propiedad del Real Madrid Club de Fútbol que en el año 2007 recibió la calificación de Estadio Cinco Estrellas por la UEFA.

¿Te imaginas poder recorrer el Bernabéu a tu aire, visitando todos sus rincones, aquellos míticos lugares que solo conocías por fotografías? Y hacerlo sin prisas, invirtiendo el tiempo que consideres necesario, y además cualquier día del año. Todo esto es posible gracias al nuevo *tour* del Bernabéu. La visita es un apasionante viaje que recorre el túnel de vestuarios, los banquillos, el terreno de juego, el palco presidencial...

El *tour* del Bernabéu puede realizarse todos los días del año, de 10:30 a 18:30 horas (excepto el 25 de diciembre y el 1 de enero y los días posteriores a los partidos).

¿Quieres conocerlo? Síguenos.

Ya estamos dentro del Estadio. La ascensión en uno de los ocho ascensores panorámicos que se instalaron en el verano de 2002 ya es impresionante. Otra forma de ver Madrid.

El Palco de Honor es el Punto 2 de nuestra visita. Allí nuestros jugadores han recogido muchos trofeos. Podrás sentirte como uno de ellos.

Del Palco, al vestuario, donde se visten las estrellas.

¡Cuántos secretos encierran estas paredes!

Seguimos nuestro recorrido por el túnel de vestuarios, donde se puede sentir toda la emoción previa de un partido.

Y salimos al campo. Aquí ya nos sentimos como verdaderos futbolistas dispuestos a iniciar un partido.

Ya estamos sobre el terreno de juego, uno de los lugares donde más fotografías se realizan a lo largo de este *tour.*

También podemos sentarnos en el banquillo, desde donde se tiene una perspectiva única de lo que sucede en el campo.

Aún nos queda visitar la Sala de Trofeos, donde se resume la historia del Mejor Club del siglo XX, en paneles informativos en español e inglés. El tour finaliza en la Tienda Realmadrid, el punto final. Aquí podrás comprar el mejor recuerdo de esta inolvidable visita.

GRAMÁTICA

Ejercicio 6

En 1492 Cristóbal Colón llegó a América.

En 1687 Newton enunció la ley de la gravedad.

En 1815 Napoleón perdió la batalla de Waterloo.

En 1824 Beethoven compuso la Novena Sinfonía.

En 1881 Picasso nació en Málaga.

En 1905 Einstein formuló la teoría de la relatividad.

COMUNICACIÓN

Ejercicio 2

Nos encontramos en el Museo Thyssen-Bornemisza.

Antes de comenzar su visita les aconsejamos escuchar la información general sobre el museo pulsando el botón número 1 de su audioguía. Nuestras instalaciones están abiertas de martes a domingo de 10 a 19 horas.

La taquilla cierra a las 18:30. También pueden adquirir sus entradas a través de la página web del museo.

El precio de la entrada es de 6 €. Para los mayores de 65 años y estudiantes, 4 €, y para los menores de 12 años, la entrada es gratuita.

El museo dispone de ascensores, teléfonos y aseos especialmente diseñados para uso de los visitantes discapacitados.

Asimismo disponemos de audioguías en español, inglés, alemán, francés e italiano.

Se ruega no utilizar los teléfonos móviles en la sala de exposiciones.

No está permitido el uso de cámaras fotográficas y de vídeo en el interior del museo, así como fumar en el interior del edificio.

Para iniciar la visita, pulsen el botón número 2...

Ejercicio 3

RAÚL: ¿Le puedo hacer una pregunta?

VIGILANTE: Sí, claro. ¿En qué puedo ayudarte?

RAÚL: ¿Puede decirme dónde está el servicio, por favor?

VIGILANTE: Por supuesto. Está un piso más abajo, en la planta baja, al lado de las escaleras.

RAÚL: ¿Las escaleras que están junto al guardarropa?

VIGILANTE: Sí, primero baja al guardarropa y luego tuerce a la izquierda. Allí los encontrarás.

RAÚL: Muchas gracias.

VIGILANTE: De nada.

COMUNICACIÓN Y VOCABULARIO

Ejercicio 2

inclinado - torcido; muy grande - enorme; innovador - moderno; muy pequeño - diminuto; raro - extraño; famoso - conocido; tranquilo - pacífico; ruidoso - ensordecedor; bonito - precioso; viejo - antiguo.

DESTREZAS

Ejercicios 1 y 2

1 Las dos torres que forman la Puerta de Europa en Madrid, también conocidas como las Torres Kio, son dos torres inclinadas. Tienen una altura de 114 metros y un total de 26 plantas. Las escenas finales de la película *El día de la Bestia* se rodaron en una de las torres.

2 El general romano Agripa mandó construir el Teatro de Mérida en el año 16 antes de Cristo. En la actualidad, más de 50 000 espectadores acuden todos los veranos a este teatro para presenciar el Festival de Teatro Clásico de Mérida.

3 La Giralda es el nombre que recibe el campanario de la Catedral de Santa María, de la ciudad de Sevilla. Es un edificio de finales del siglo XII construido por los árabes como torre de la antigua mezquita de la ciudad. Con sus 97,5 metros de altura es hoy en día el edificio más alto de la ciudad.

4 El Hotel Marqués de Riscal, diseñado por el arquitecto Frank Gehry, es su segunda obra maestra en España, después del Museo Guggenheim de Bilbao. Está situado en la Comunidad Autónoma de La Rioja, mundialmente conocida por sus vinos.

5 El Alcázar de Segovia es una fortaleza construida en el siglo XII en la que vivieron los reyes de Castilla durante la Edad Media. En el siglo XVIII hizo las funciones de prisión y en la actualidad es un museo que visitan miles de turistas todos los años.

CULTURA

Ejercicio 1

Gaudí nació en 1852 en un pueblo cerca de Tarragona. Estudió Arquitectura en Barcelona y para pagarse la carrera, Gaudí trabajó como delineante.

Su primer encargo importante fue la construcción de la Casa Vicens, en Barcelona. A partir de entonces se hizo famoso y le hicieron numerosos encargos. En 1882 empezó el proyecto de la Sagrada Familia. A lo largo de su carrera recibió muchos premios, principalmente en Cataluña, donde realizó la mayor parte de su obra. Desde 1914 se dedicó por completo al trabajo de la Sagrada Familia, donde instaló su taller y vivió hasta su muerte.

El día 7 de junio de 1926, al cruzar una calle

en Barcelona, un tranvía lo atropelló. Murió tres días después. Lo enterraron en una capilla de la Sagrada Familia. La UNESCO declaró en 1984 y 2005 algunas de las obras de Gaudí Patrimonio de la Humanidad. En Barcelona podemos visitar algunas de ellas, como el Parque Güell, la Casa Batlló, la Casa Milá (también conocida como la Pedrera)... Su casa en el Parque Güell es, desde 1963, un museo que visitan miles de personas todos los años.

UNIDAD 3
Vida sana

VOCABULARIO

16 Ejercicio 3

JUAN: ¡Hola! Quisiera que me aconsejaras sobre algunas comidas ricas en proteínas e hidratos de carbono. Voy al gimnasio tres días a la semana y me gustaría llevar una dieta sana y apropiada para mantenerme en forma.

EXPERTA: Mira, los alimentos con más proteínas son: la carne, el pescado, los huevos y la leche. En cuanto a los hidratos de carbono, debes tomar: cereales, pasta, arroz, patatas, frutas y verduras. Las grasas, como la del pescado o el aceite de oliva, también son importantes. No te olvides de las legumbres, que aportan proteínas e hidratos de carbono. Si tomas una alimentación variada, no necesitarás complementos vitamínicos, porque cada uno de los alimentos anteriores te aportarán las distintas vitaminas que necesita tu organismo.

17 Ejercicio 4

Para estar en buena forma debes seguir una dieta sana: come ensaladas, frutas y verduras. Duerme al menos ocho horas todos los días. Y para estar delgado y fuerte debes hacer mucho ejercicio: correr, nadar, montar en bici, ir al gimnasio... Lo que no debes hacer, si no quieres sentirte en baja forma, es comer comida basura: no comas muchas grasas ni dulces. No duermas poco. Descansa lo suficiente y haz ejercicio si no quieres tener mala salud.

18 Ejercicio 5

ENTREVISTADOR: ¡Hola, chicos! ¿A vosotros os preocupa la dieta? Cuéntanos, Rocío.

ROCÍO: Sí, un poco, pero no me obsesiono con la comida. Yo como mucha pasta porque me encanta y, además, hago mucho deporte: nado, monto en bicicleta y juego al tenis.

ENTREVISTADOR: ¿Y tú, Roberto?

ROBERTO: Yo como de todo, pero lo que más me gusta es la carne. Mi madre siempre me dice que tengo que comer más verduras y jugar menos al ordenador.

ENTREVISTADOR: ¿Y tú, Lucía?

LUCÍA: Yo soy vegetariana y me cuido mucho porque me gusta estar delgada. De mayor quiero ser modelo.

19 Ejercicio 6

La comida basura

El consumo de la llamada comida basura (alimentos que contienen una gran cantidad de grasas, sal o azúcar y aditivos químicos) ha aumentado espectacularmente en la última década en los países desarrollados.

Causas:

Hay varias causas para explicar el aumento del consumo de la comida basura.

En primer lugar, en los últimos años, los productos frescos, como frutas y verduras, han aumentado de precio.

A esto hay que añadir que es mucho más barato y más cómodo quedarse en casa comiendo una *pizza* y viendo la televisión que realizar algunos deportes como natación, tenis, ciclismo, fútbol, etcétera.

Y también está el papel de la publicidad. La publicidad de alimentos en televisión está llena de cereales azucarados para el desayuno, refrescos, dulces y aperitivos salados. Si unimos a estos la comida rápida, se puede hablar de «los 5 grandes» de la publicidad alimentaria.

Efectos:

La comida basura tiene una serie de efectos negativos sobre la salud cuando la consumimos habitualmente: exceso de peso, elevación del nivel de colesterol en la sangre, digestiones difíciles, alteración del sentido del gusto y adicción.

Consejos saludables:

Por lo tanto, conviene seguir algunas recomendaciones. Por la mañana, el desayuno tiene que ser fuerte y variado. Es fundamental para nuestra salud y para nuestro rendimiento físico e intelectual a lo largo de toda la mañana.

La comida del mediodía debe ser sana y equilibrada.

La dieta mediterránea, rica en verduras, frutas y pescados, es muy aconsejable.

Las cenas tienen que ser moderadas.

Y, por último, no hay que olvidar que practicar ejercicio físico de forma habitual y moderada es muy beneficioso para nuestro cuerpo y para nuestra mente.

GRAMÁTICA

20 Ejercicio 8

1 abrelatas; **2** cazamariposas; **3** sacapuntas; **4** limpiacristales; **5** salvavidas; **6** abrebotellas; **7** quitamanchas; **8** cortaúñas; **9** lavavajillas; **10** sacacorchos.

COMUNICACIÓN

21 Ejercicio 3

ANA: No hay nada en la nevera. Tenemos que hacer la compra. ¿Qué compramos?

JUAN: Podemos comprar jamón y queso y hacemos unas *pizzas*.

ANA: Eso no parece muy sano.

JUAN: Vale. Pues compramos unos huevos y patatas y nos hacemos unos huevos con patatas fritas.

ANA: ¿Tú crees que eso es comer sano? Yo creo que no, así que esta noche vamos a cenar ensalada y para desayunar compramos naranjas para preparar un zumo.

JUAN: Bueno, me has convencido. Pero para comer hacemos unas buenas hamburguesas.

ANA: Vale.

COMUNICACIÓN Y VOCABULARIO

22 Ejercicio 3

1

- Pon aceite a calentar en la sartén.
- ¿Cuánto aceite pongo?
- No mucho. Con una cucharada es suficiente. Cuando esté caliente, pones el filete de pollo en la sartén y luego le das la vuelta, para que te quede dorado por los dos lados.

2

- ¿Te vas a comer eso?
- ¡Pues claro!
- Pero si no lo has cocinado...
- ¡Claro! Es que es ceviche, una comida típica peruana... Solo tienes que limpiar el pescado, cortarlo en trozos pequeños y mezclarlo con zumo de lima durante unas horas. ¡Está riquísimo!

3

- ¿Qué estás haciendo?
- Son fajitas, una comida mexicana con salsa chile. Está un poco fuerte. Pruébalas. ¿Te gustan?
- ¡Uff! ¡Me arde la boca! ¡Necesito beber agua, por favor!

4

- ¡Mmm! ¡Qué rico!

- ¿Pero tú sabes lo que te estás comiendo? Es tan sabroso porque solo tiene productos químicos y un montón de sal, azúcar y grasa.
- ¡Déjame en paz! ¡La próxima vez vengo solo a comerme la hamburguesa!

DESTREZAS

23 Ejercicio 2

La dura vida del musculitos

El musculitos (también conocido por «mazas», «cachas») no lleva una vida fácil.

Para empezar, el musculitos no nace, se hace a base de sudor y euros de gimnasio. La mayoría de la gente abandona el gimnasio a los dos o tres meses, pero el auténtico musculitos no tiene pereza. El musculitos profesional no va solo a un gimnasio, va a tres, por la mañana, por la tarde y por la noche, donde hace diferentes tipos de ejercicios con diferentes tipos de monitores. Así, el aprovechamiento es total.

El clásico musculitos lleva una dieta estricta basada, especialmente, en las proteínas. No solo come carne, pescado y huevos, sino que, además, bebe batidos de proteínas que compra en botes de diez kilos.

El musculitos suele pasar frío porque siempre, en cualquier mes del año, lleva camisetas de manga corta, para enseñar esos brazos que tanto trabajo y dinero le han costado conseguir. Además hay algunos complementos básicos para ser un musculitos de verdad: el pelo engominado o cortado a cepillo, bañadores ajustados y, por supuesto, la depilación total.

Como veis, este aspecto musculoso no es nada fácil de conseguir y por eso os pido amor y comprensión para este sector de la población que tanto sufre.

Gloria

24 Ejercicio 3

NOELIA: ¿Cristina, conociste el otro día a Raúl, el novio de Sandra?

CRISTINA: ¿Quién, el «cachas», ese que está todo el día en el gimnasio?

NOELIA: Sí, ese. Es muy guapo y muy simpático.

CRISTINA: A mí me pareció un «musculitos» poco interesante.

NOELIA: ¿Y viste a su amigo Rubén?

CRISTINA: ¡Otro pesado! Solo sabe hablar de fútbol.

NOELIA: Pues yo me lo pasé muy bien con ellos. Rubén es muy divertido, además, juega muy bien al tenis y sabe patinar.

CRISTINA: Anda, Noelia, vámonos a la biblioteca a estudiar un poco y a ver si conocemos a algún chico con cerebro, que son los que me gustan a mí.

25 Ejercicio 6

RECETAS DE NUESTROS PLATOS DEL DÍA

De primero: Gazpacho

Ingredientes:

- 1 kilo de tomates
- 1 diente de ajo
- 1 pimiento verde
- 1 pepino
- 1 cebolla
- 0,3 litros de agua
- Aceite, vinagre y sal

Preparación:

Pelar y trocear los tomates, la cebolla, el ajo y el pepino y ponerlos en un recipiente grande. Añadir el pimiento verde en trozos. Después, echar en el recipiente el agua, el aceite, el vinagre y la sal. Triturar hasta obtener una mezcla homogénea. Después, colarlo y servirlo frío.

De segundo: Huevos rellenos

Ingredientes:

- 6 huevos
- 1 lata de atún
- 3 cucharadas de tomate frito
- Mayonesa

Preparación:

Cocer los huevos en agua hirviendo durante veinte minutos. Dejarlos enfriar. Pelar los huevos y partirlos en dos mitades. Sacar las yemas y ponerlas en un recipiente. Añadir el atún y la salsa de tomate. Mezclarlo hasta obtener una pasta homogénea. Rellenar los huevos con la pasta. Cubrirlos con un poco de mayonesa. Servirlos fríos.

Y de postre... algo de fruta o un yogur

CULTURA

26 Ejercicio 2

La dieta mediterránea

Hace unos años, unos estudios demostraron que los países del Mediterráneo (España, Italia, Francia y Grecia) tenían un menor porcentaje de infarto de miocardio y una menor tasa de mortalidad por cáncer. Los investigadores, sorprendidos, buscaron las posibles causas y descubrieron que la dieta tenía un papel fundamental. A partir de entonces, se empezó a hablar de la *dieta mediterránea* como un factor importante en la prevención de estas enfermedades.

Tras este descubrimiento, los científicos analizaron los elementos que definen la *dieta mediterránea*: pasta y arroz, verduras, legumbres, fruta, aceite de oliva, poca carne y mucho pescado, pan integral, y todo preparado con ajo y hierbas aromáticas.

En un principio, nadie sabía por qué funcionaba tan bien esta combinación de alimentos. Pero, poco a poco, los nuevos descubrimientos sobre alimentación desvelaron los secretos de una sabiduría milenaria.

Para seguir esta saludable dieta hay que tener en cuenta los siguientes consejos:

1 Consume alimentos de origen vegetal en abundancia: frutas, verduras, pan, pasta, arroz, cereales, legumbres y patatas.
2 Consume alimentos de temporada frescos.
3 Utiliza el aceite de oliva como grasa principal, tanto para freír como para aliñar.
4 Consume diariamente una cantidad moderada de queso y yogur.
5 Consume semanalmente una cantidad moderada de pescado, preferentemente azul, aves y huevos.
6 Consume frutos secos, miel y aceitunas con moderación.
7 Consume la carne roja algunas veces al mes.
8 Realiza alguna actividad física con regularidad para hacer trabajar al corazón y mantener en forma las articulaciones y el tono físico.

UNIDAD 4
De compras

VOCABULARIO

27 Ejercicio 1

1 medias; **2** pendientes; **3** bolso; **4** abrigo; **5** gafas de sol; **6** cazadora; **7** gorra; **8** guantes; **9** collar; **10** cinturón; **11** botas; **12** anillo; **13** perfume; **14** calcetines; **15** zapatillas de deporte.

28 Ejercicio 5

¿Qué me pongo?

Hoy en día vamos de compras y en los escaparates encontramos faldas, vaqueros, camisetas, miles de complementos... Esta variedad era inimaginable solo hace dos siglos.

En el Antiguo Egipto, hace 4000 años, tenían poco para elegir en el armario. Estaban de moda las túnicas de lino. En las antiguas Grecia y Roma vestían con túnicas amplias, sin mangas, ajustadas al cuerpo con broches y cinturones.

En la Edad Media los sastres tenían más imaginación y vestían a las damas con vestidos largos de hermosas telas. En el Renacimiento, a finales del siglo XIV, Italia se puso a la cabeza de la moda con vestidos de amplios escotes.

Cansadas de tanto adorno y complementos, las mujeres del siglo XIX decidieron ponerse vestidos sencillos. Pero fue en el siglo XX cuando se produjo la auténtica revolución en la moda. En los años 20 el cinturón bajó hasta las caderas y las plumas y los collares de perlas eran los complementos ideales. En los años 60, empezaron a usarse materiales como el plástico y el metal. Las gafas de pasta, las botas altas y los cinturones anchos eran los complementos perfectos para la prenda estrella de aquella década: la minifalda. A partir de los 80, la moda *punk* «agujereó» los vaqueros, las medias y las mallas y vistió a la juventud con chaquetas de cuero negro llenas de imperdibles y chapas.

¿Y ahora, cómo describimos la moda del siglo XXI? Agatha Ruiz de la Prada dice que es muy colorida, mágica y llena de corazones, y Giorgio Armani dice que es sofisticada y elegante. Así que, ¡ponte lo que quieras! Lo importante es que te sientas cómoda y guapa con lo que llevas.

GRAMÁTICA

29 Ejercicio 10

Ejemplo: unos zapatos blancos

1 unos guantes negros; **2** una cazadora marrón; **3** unas corbatas negra y roja; **4** una camisa gris; **5** una bufanda roja; **6** unos vaqueros azules **7** un abrigo verde; **8** una falda rosa; **9** unas botas amarillas; **10** unas zapatillas de deporte naranjas.

COMUNICACIÓN

30 Ejercicios 1 y 2

ENTREVISTADORA: Estoy en un gran centro comercial para conseguir información sobre los hábitos de consumo de la gente joven. Aquí tenemos a David, un programador informático. ¿Te lo pasas bien yendo de compras?

DAVID: La verdad es que no. He venido con mi novia, porque se quería comprar unos zapatos. Ha entrado en muchas tiendas, se ha probado muchos pares de zapatos y al final no le gusta ninguno. Por lo menos me he comprado dos cedés y no he perdido toda la tarde... No creo que vuelva de compras en mucho tiempo.

ENTREVISTADORA: Ahora vamos a hablar con Margarita, estudiante.

MARGARITA: Me encanta venir aquí con mis amigos. He estado mirando las páginas de moda en internet antes de venir. Hoy me he comprado una chaqueta, una bufanda, unos pendientes y un libro para una amiga. Me he gastado todo el dinero que mis padres me han dado por mi cumpleaños. Me lo estoy pasando muy bien. Tengo muchas ganas de tener una tarjeta de crédito, pero no puedo hasta que no tenga 18 años. Creo que soy una compradora responsable y solo compro lo que necesito.

ENTREVISTADORA: Vamos a hablar ahora con Julia. Tiene 15 años. Nos has dicho que te gusta venir de compras los fines de semana y que te has comprado un vestido y un bolso. ¿Te consideras una compradora responsable, como Margarita?

JULIA: Bueno, a veces me compro ropa, que en realidad no necesito, solo porque es barata. Luego cuando llego a casa veo que, en realidad, no me gusta. Así que tengo el armario lleno de camisetas y sudaderas que luego no uso. Pero hoy me he comprado este vestido que me queda muy bien y me ha costado muy barato y este bolso que hace juego.

31 Ejercicio 3

DEPENDIENTA: Buenos días, ¿en qué puedo ayudarle?

CLIENTE: Pues, mire, quiero hacer una reclamación.

DEPENDIENTA: ¿Cuál es el problema?

CLIENTE: Compré esta camiseta la semana pasada... y la primera vez que la he lavado... ¡ha encogido dos tallas!

DEPENDIENTA: ¡Vaya, lo siento mucho! Nadie ha tenido este problema hasta ahora... ¿Está seguro de que siguió las instrucciones de lavado?

CLIENTE: Sí, claro...

DEPENDIENTA: Bueno, podemos hacer dos cosas: cambiarla por otra o devolverle el dinero. ¿Qué prefiere?

CLIENTE: Pues, prefiero la devolución.

DEPENDIENTA: ¿Tiene el ticket de compra?

CLIENTE: Sí, tome.

DEPENDIENTA: Vale, pues vamos a la caja y ahí le devolvemos el dinero.

COMUNICACIÓN Y VOCABULARIO

32 Ejercicio 2

1

- ¿Qué te parecen estos?
- ¿Son cómodos?
- La verdad es que no mucho. Me hacen un poco de daño.
- No te olvides que en París vas a tener que andar mucho. Lo más importante es que no te duelan los pies y que sean cómodos.

2

- Me he quedado sin dinero.
- ¿Tienes la tarjeta de crédito?
- Sí, claro.
- Pues mira, aquí podemos sacar.

3

- Tenemos que comprar algo para el cumpleaños de Irene.
- ¿Le compramos un juego de ordenador?
- No, mejor unos pendientes.
- ¡Siempre le regalamos lo mismo!
- No, mira, aquí podemos comprarle el último cedé de Alejandro Sanz, que seguro que no lo tiene todavía.

4

- ¿Puedo ayudarte?
- Sí, mira: estos me gustan pero me están un poco pequeños. ¿Me puedo probar una talla más?
- Sí, claro, pruébate estos. ¿Te gusta este color? Y también tenemos este jersey que hace juego.
- Vale, me voy a probar las dos cosas.

DESTREZAS

33 Ejercicio 1

Esclavos de la moda

Estaba sentada en un parque cuando oí, casualmente, la conversación de mis vecinas de banco: **A** le preguntaba a **B** por qué había faltado a la fiesta de la noche anterior. Ella le respondió: «No tenía nada que ponerme, toda la ropa que tengo está pasada de moda».

Esto me hizo reflexionar. A mí me parece que la ropa es solo una herramienta y «estar a la moda» es un juego cultural sin demasiada importancia. Pero... ¿os habéis preguntado si los modelos de ropa que imponen los diseñadores famosos y las revistas publicitarias de la moda son realmente los que deseamos usar? Si tenéis ideas como «No tengo ropa para la ocasión» o «La ropa que tengo no está de moda», pensad que las modas son un acuerdo social, absurdo y frágil. Tú puedes cambiarlas con solo desearlo.

El modelo apropiado para cada ocasión es el que te hace sentir cómodo, no importa si llevas una indumentaria romántica decimonónica o si te vistes con zapatos de payaso o pantalón de pirata. Somos seres creativos, capaces de fabricar nuestro propio mundo.

Y recordad: cómo vestirnos debe ser siempre una elección personal.

34 Ejercicio 2

DIANA: Blanca, Alberto, ¿habéis visto los pantalones de cuadros que me he comprado?

ALBERTO: Lo siento, Diana, pero a mí me parecen ridículos.

DIANA: ¡Pero Alberto, si son la última moda!

ALBERTO: Yo paso de modas. A mí me parece que la moda es para sacar dinero. Es puro consumismo.

DIANA: Esa será tu opinión. Yo me gasto bastante dinero en ropa porque a mí me gusta ir a la moda. ¿Y tú Blanca, qué opinas?

BLANCA: Si quieres que te diga la verdad, a mí la moda me da igual. Lo importante es ser tú mismo y encontrar tu propio estilo.

CULTURA

35 Ejercicio 2

El flamenco

El flamenco es un género español de música y danza que se originó en Andalucía en el siglo XVIII, que tiene como base la música y la danza andaluza y en cuya creación tuvieron un papel fundamental los gitanos andaluces. El cante, las palmas y el baile son las principales facetas del flamenco.

El traje flamenco

El traje de flamenca ha evolucionado con los años. Al principio lo llevaban las gitanas y campesinas cuando iban a la feria de ganado de Sevilla. Sus ropas eran humildes, pero con el paso del tiempo se convirtieron en vestidos de fiesta con volantes y escotes de pico, adornados con complementos: flores en el pelo, collares, pendientes y mantones de manila.

La Feria de Abril de Sevilla

Desde mediados del siglo XIX, la Feria de Abril de Sevilla se ha convertido en la fiesta flamenca más colorida y alegre de España. El cante y el baile típicos de esta Feria son las sevillanas, que se bailan en parejas, vestidos con los trajes flamencos.

Los coches de caballos son el único medio de transporte autorizado en la Feria. Es aconsejable que vayas a la Feria con un amigo sevillano, porque te llevará en un coche de caballos y por la noche visitarás las casetas de la Feria, donde podrás bailar sevillanas durante toda la noche.

UNIDAD 5
Periodismo y actualidad

VOCABULARIO

36 Ejercicio 1

1 titular; **2** portada; **3** periodista; **4** fotógrafo; **5** anuncio; **6** noticia; **7** periódico; **8** entrevista; **9** quiosco; **10** revista.

37 Ejercicio 4

Periodistas deportivos

Hace varios años mi periódico me envió a China para hacer un reportaje sobre unos campeonatos de fútbol internacional entre estudiantes de distintos países del mundo en Pekín.

Conocí a varios estudiantes de periodismo y todos querían saber cuánto dinero ganaba, cuántos países había visitado, que si conocía a Cristiano Ronaldo o a Messi… En China, el periodismo deportivo se consideraba un trabajo ideal y los estudiantes chinos estaban fascinados por los periodistas deportivos extranjeros.

Varios años después regresé a China. Me encontré con uno de los estudiantes que conocí en mi visita anterior, Jie Xeng. Trabajaba para la agencia de noticias más importante de China y le pregunté por su vida como periodista deportivo. Me dijo que algunas veces era una vida fantástica pero que también era muy estresante, había que viajar mucho y la gente del mundo deportivo no siempre era muy amable.

Jie ha descubierto la dura realidad de la vida de un periodista deportivo. No basta con escribir bien y tener un buen conocimiento del mundo del deporte. Además es necesario estar preparado para hacer frente a muchos otros problemas.

En mi última visita a Pekín, donde se celebraba un importante torneo de baloncesto internacional, para ir del hotel al estadio tardé más de tres horas debido a los problemas de tráfico. Durante los cuatro días que duró el torneo perseguí a muchos jugadores y entrenadores, pero todos ellos estaban demasiado ocupados como para concederme una entrevista. Cuando terminó el torneo, escribí mi reportaje y lo envié a mi periódico. Cuando por fin regresé a mi hotel a medianoche, todo estaba cerrado, incluido el restaurante.

Ser periodista deportivo puede parecer un trabajo fantástico, pero no podemos olvidar que en esta profesión hay tantos momentos mágicos como situaciones difíciles.

COMUNICACIÓN

38 Ejercicio 2

¡Hola, amigo!

¿Te animas a participar en nuestro concurso EL PAÍS DE LOS ESTUDIANTES? Ponte de acuerdo con tu «profe» y tus compañeros y lánzate a la aventura del periódico.

¡Tienes mucho que ganar y… muchas actividades para divertirte!

Y, si por fin os lanzáis, tened siempre presente el calendario con las fechas más importantes del programa mes a mes:

- En octubre, empieza el programa: ¡Ya podéis registraros por equipos!
- En noviembre, comienzan nuestros juegos: el 4 de noviembre, «El más informado», y el 19, el «Trivial»; con ellos podréis conseguir muchos puntos y premios para vuestros equipos.
- En diciembre, enero y febrero, tendréis que organizaros: reuniones de redacción y maquetación, fotografías, artículos... ¡Hay que llevarlo todo al día!
- En marzo, fin de los juegos, reparto de puntos, clasificaciones...
- ¡Y cuidado!... porque en abril, termina el programa. ¡El 3 de abril es la fecha límite de entrega de vuestros periódicos digitales!
- El 8 de mayo se publicará la lista de finalistas en la página web de EL PAÍS.
- Y, finalmente, el 3 de junio tendrá lugar la entrega de premios en el Palacio de la Prensa de Madrid.

¡Os esperamos a todos!

39 Ejercicio 3

GEMA: Bueno, chicos, creo que puede ser muy interesante que nos apuntemos al concurso de EL PAÍS DE LOS ESTUDIANTES.

IVÁN: Pero, Gema, ¿tú sabes exactamente en qué consiste?

GEMA: Vamos a elaborar un periódico por internet.

IVÁN: ¿Cómo tiene que ser?

GEMA: Debe estar formado por una portada y, por lo menos, dos de estas secciones: sociedad, cultura, deportes, medioambiente y tema libre.

IVÁN: ¿Quiénes pueden participar?

GEMA: Cada profesor puede participar con un grupo de 20 o 25 alumnos de Secundaria.

IVÁN: ¿Qué necesitaremos?

GEMA: Solo necesitamos un ordenador con acceso a internet.

IVÁN: ¿Qué tenemos que hacer para empezar a trabajar?

GEMA: Lo primero es repartir las tareas entre los miembros del equipo: los diseñadores, los redactores, los fotógrafos, los ilustradores, el corrector… Después, establecer un calendario de trabajo.

IVÁN: ¿Qué premios ofrece el programa?

GEMA: Para el colegio, varias colecciones de libros sobre pintura, historia y música, y material informático; y para vosotros, consolas, videojuegos, viajes de fin de curso y muchos premios más.

COMUNICACIÓN Y VOCABULARIO

40 Ejercicio 5

1

- ¿Sabes que Madonna está en Madrid?
- Sí, mañana tengo una cita para hacerle una entrevista.
- ¡Qué suerte! ¡Me gustaría conocerla!
- ¿Quieres venir conmigo?

2

- En este momento es una zona muy peligrosa.
- Sí, pero hay que ir donde está la noticia.
- ¿Cuándo tengo que coger el avión?
- Mañana. Te acompañará un equipo de cámaras.

3

- ¿Sabes algo de David?
- Está en Bilbao. Hace mucho que no lo veo, pero el otro día lo oí por la radio retransmitiendo la final del torneo de baloncesto.
- ¿O sea que sigue trabajando en la misma emisora?
- Sí, eso parece...

4

- Me han llamado de un periódico digital nuevo.
- ¿Y eso?
- Para que colabore en el diseño de su página web.
- Parece interesante, ¿no?
- Sí, me puede ayudar para mi currículum.

DESTREZAS

41 Ejercicio 1

Cómo convertirse en corresponsal de guerra

En tiempos de guerra, la sociedad necesita saber qué está pasando en el campo de batalla. Un corresponsal de guerra cuenta las noticias de primera mano. Si estás decidido a convertirte en corresponsal de guerra, debes tener siempre bien en cuenta que trabajarás justo en el centro de la acción.

Instrucciones:

1 Obtén el título de Periodismo. Es necesario ser un excelente escritor y comunicador.

2 Prepárate mental y emocionalmente para las condiciones de vida de un corresponsal de guerra. Escribir informes de prensa y noticias es una cosa, pero ver de frente la muerte es otra muy distinta.

3 Tienes que estar muy interesado por conocer los sentimientos y los problemas de los soldados con quienes viajas y de los ciudadanos con quienes entras en contacto.

4 Considera la posibilidad de trabajar como cámara, así tendrás más posibilidades de ir al frente para convertirte en un auténtico corresponsal de guerra.

5 Empieza trabajando en una cadena de televisión y comunica a tu director que quieres convertirte en corresponsal de guerra y que estás dispuesto a arriesgarte e ir a los lugares en conflicto.

6 Comprueba tu estado de salud. Una vez convertido en corresponsal, cuando te envíen al frente, debes estar preparado para los viajes largos y difíciles.

42 Ejercicio 2

ENTREVISTADOR: Hoy en nuestro programa vamos a hablar con nuestra compañera Mercedes sobre el libro *La Kamikaze*, de Mayte Carrasco. Cuando Mayte Carrasco tenía solo diez años, escribió su primer cuento. Unos cuantos años más tarde, esta periodista presenta su primera novela. Buenas tardes, Mercedes.

MERCEDES: Buenas tardes.

ENTREVISTADOR: ¿Qué te ha parecido la novela de Mayte Carrasco?

MERCEDES: La autora ha escrito una historia sobre su propia experiencia como corresponsal de guerra en Siria. Una historia de supervivencia.

ENTREVISTADOR: ¿Cuáles son las dificultades más grandes con las que se ha encontrado?

MERCEDES: Como periodista, en la guerra la situación siempre es muy difícil, y, como mujer, ella tiene que luchar contra ideas diferentes. Por ejemplo, no podía andar sola por la calle o quitarse el pañuelo de la cabeza. Ella nos muestra que el camino en el periodismo de guerra para la mujer es cuesta arriba.

ENTREVISTADOR: En el libro, ¿qué experiencias vive la protagonista?

MERCEDES: Lo primero, se rodea de buenos compañeros con los que comparte guerra, comida, taxis y miedos; a veces tiene que llevar un chaleco antibalas enorme porque no existen para cuerpos pequeños como el suyo; otras veces tiene que alojarse en oscuras habitaciones de hotel y siempre utilizar la confianza en sí misma como la única manera de sobrevivir.

ENTREVISTADOR: Y, según la autora, ¿cómo va a ser el periodismo del siglo XXI?

MERCEDES: En su novela podemos ver que el periodismo multimedia es el futuro. La protagonista, mientras edita sus artículos, envía imágenes y, a la vez, escribe y hace una crónica para la radio. Las nuevas tecnologías y las redes sociales son herramientas imprescindibles en el periodismo actual.

43 Ejercicio 4

Penélope Cruz es una persona a la que admiro. Me alegran sus éxitos como los de un amigo y me alegra su continua presencia en prensa, televisión y cine desde su adolescencia, que coincide con la mía. Me ha gustado mucho la entrevista que le han hecho, publicada en su número del domingo pasado, por eso les escribo para decirles que leo asiduamente su revista porque disfruto con la visión que sus profesionales muestran de los acontecimientos y de las personas. También me gustan mucho las entrevistas donde se ofrece un retrato de la persona famosa, entrando en sus opiniones, en su historia y en sus experiencias personales, sin embargo, nunca entran en el cotilleo de su vida íntima. Aunque estoy acostumbrada a buscar en la portada de su revista reportajes de gran calidad e interés, no dejan de sorprenderme cada semana. Por lo tanto, espero seguir leyéndolos todos los domingos. Gracias por su trabajo.

UNIDAD 6
¡Nos vamos de concierto!

VOCABULARIO

44 Ejercicio 1

1 violinista; **2** pianista; **3** bajista; **4** trompetista; **5** saxofonista; **6** flautista; **7** arpista; **8** clarinetista; **9** acordeonista; **10** guitarrista.

45 Ejercicio 5

JAVIER: Sí, ¿dígame?

SARA: Hola, Javier, ¿nos vamos este sábado a ver el espectáculo de Mayumana? Es un montaje nuevo con muchos instrumentos de percusión.

JAVIER: Vale..., pero... ¿cuánto cuestan las entradas?

SARA: No son muy caras. Creo que cuestan diez euros.

JAVIER: ¿A qué hora empieza?

SARA: A las ocho de la tarde.

JAVIER: Entonces tendremos que ir dos horas antes para hacer la cola en la taquilla.

SARA: No, podemos comprar las entradas por teléfono. También podemos comprarlas por internet.

JAVIER: Vale. Voy a llamar a Marcos a ver si se viene con nosotros.

46 **Ejercicio 6**

MARCOS: ¿Sí, dígame?

JAVIER: ¡Hola, Marcos! Me ha llamado Sara para ver si vamos a ver a Mayumana. ¿Qué te parece? ¿Te vienes con nosotros?

MARCOS: ¿Cuándo es?

JAVIER: El sábado a las ocho de la tarde.

MARCOS: Sí, ese día sí puedo, pero... será muy caro.

JAVIER: No, creo que solo cuesta diez euros.

MARCOS: ¿Seguro que es ese precio? ¿Ya tenéis las entradas?

JAVIER: No, vamos a sacarlas por internet.

MARCOS: Vale, venga. Me voy con vosotros.

47 **Ejercicio 9**

Mayumana. El ritmo de Israel

Con más danza y más canciones y, sobre todo, con mucho ritmo, Mayumana actúa este sábado en Madrid con el estreno mundial de *Momentum*, su nuevo espectáculo, puesto en escena por once artistas de distintas nacionalidades.

Mayumana es un grupo israelí de danza y percusión. Actuaron por primera vez en 1998, durante el Festival de Israel. Desde entonces, han realizado varias giras por todo el mundo.

Los diez músicos que fundaron el grupo eran artistas destacados en danza africana, danza flamenca, ballet clásico, *jazz* y música popular.

«Lo más difícil ha sido crear un equipo con una idea común; convertir a los bailarines en tamborileros, a los tamborileros en actores, a los individuos en un grupo unido», declaró uno de los creadores del grupo.

Sus espectáculos son muy variados y utilizan todo tipo de cosas como instrumentos musicales de percusión. Y no te sorprendas si en medio de su actuación aparece una danzarina del vientre, porque Mayumana combina lo antiguo con lo moderno, Oriente con Occidente, como grandes representantes de la cultura mediterránea.

COMUNICACIÓN

48 **Ejercicio 1**

¡Alejandro Sanz regresa a España después de sus conciertos en América para presentar su disco *Sirope*!

Comienza su gira en Barcelona, el 8 de julio. Luego podréis verlo en la Plaza de Toros de Valencia, el día 26, y tres días después actuará en el Estadio Municipal de Cartagena. Después se dirigirá al País Vasco, donde podréis verlo el 21 de julio a las ocho y media en el Donostia Arena de San Sebastián. Luego va a Andalucía: el día 26 actúa en Málaga en el Palacio de los Deportes. Y de allí va a Jerez de la Frontera, donde actuará en el Estadio Chapín. ¡Los dos conciertos son gratuitos! El 9 de agosto podréis oírlo en el Auditorio Municipal de Marbella y, por fin, acabará su gira en Madrid, el 15 de agosto. Si queréis más información, entrad en su página web www.alejandrosanz.com. ¡Os esperamos a todos!

49 **Ejercicio 3**

DANIEL: ¡Hola, Carla! Gracias por contestar a nuestras preguntas para la emisora de radio del instituto. Nos han dicho que has estado en el concierto de Alejandro Sanz del pasado fin de semana. ¿Dónde fue?

CARLA: Fue en Málaga, en el Palacio de los Deportes.

DANIEL: ¿Y con quién fuiste?

CARLA: Estuve con mis primas, que son unas auténticas fans de Alejandro Sanz.

DANIEL: ¡Qué bien! ¿Y qué tal? ¿Qué te pareció el concierto?

CARLA: ¡Estuvo genial! Yo nunca lo había visto en directo y me dejó impresionada. Es un compositor estupendo, sus letras son emocionantes. El público estaba fascinado oyéndolo.

DANIEL: ¿Qué temas cantó?

CARLA: Cantó todas las canciones de su último disco.

DANIEL: Pero me han dicho que ha perdido mucha voz, que sus seguidores están un poco preocupados porque ya no suena tan bien como en sus actuaciones anteriores...

CARLA: Eso no es verdad. Cantó muy bien y no nos decepcionó. La gente estaba emocionada: cantaba con él, bailaba... ¡Nos divertimos muchísimo!

DANIEL: ¿Sabes dónde es su próximo concierto?

CARLA: Es en Jerez dentro de cuatro días.

DANIEL: ¿Recomiendas a nuestros oyentes que vayan a verlo?

CARLA: Sí, por supuesto. Seguro que no van a quedar decepcionados.

COMUNICACIÓN Y VOCABULARIO

50 **Ejercicio 2**

Adjetivos con significado positivo: sorprendido, emocionado, interesado, relajado, fascinado, impresionado.

Adjetivos con significado negativo: decepcionado, preocupado, deprimido, desesperado.

DESTREZAS

51 **Ejercicio 1**

***El Rey León*, el musical**

El Rey León lleva ya en la cartelera de Madrid varias temporadas de absoluto éxito y es fácil entender por qué: esta imaginativa adaptación del clásico de Disney tiene una puesta en escena digna de un musical de Broadway. Espectaculares coreografías, canciones tan conocidas como la famosa *Hakuna Matata* y más de cincuenta actores de todo el mundo han hecho de este musical un espectáculo obligatorio para los aficionados al género.

El Rey León, la mayor producción musical jamás presentada en España, ha conseguido más de setenta premios internacionales de primera categoría al mejor musical. Más de cincuenta millones de personas la han visto en todo el mundo. El musical transporta al espectador al paisaje africano, con sorprendentes efectos visuales y emocionantes temas musicales.

Un espectáculo único cargado de valores familiares, que demuestra la relación de cada uno de nosotros con nuestras raíces. *El Rey León* hace que el espectador piense sobre la importancia de cada una de nuestras acciones y el efecto que causan en nuestro entorno, así como la importancia de sentir que pertenecemos a un grupo, y cómo todo ello da sentido a nuestra vida. Además, es un canto al respeto y al amor por la naturaleza.

Extraído de *http://www.metropoli.com*

52 **Ejercicio 2**

LOCUTORA: ¡*El Rey León*! El mayor espectáculo musical jamás presentado en España ahora en Madrid. ¡No te lo pierdas! ¡*El Rey León*! Un espectáculo que recordarás para siempre.

LOCUTOR: ¿Sabías que se hablan cuatro idiomas africanos diferentes en el musical?

LOCUTORA: ¿Que algunos actores cambian de maquillaje y de vestuario a lo largo del espectáculo hasta una docena de veces?

LOCUTOR: ¿Que en el musical aparecen hasta cuatrocientas piezas diferentes de vestuario... entre sombreros, pulseras, anillos, cinturones... que forman al menos setenta trajes distintos?

LOCUTORA: ¿Que salen al escenario más de veinticinco tipos de animales?

LOCUTOR: ¿Que en este musical trabajan cincuenta y tres actores, veintiún músicos, diecisiete personas en el departamento de vestuario y seis en el de maquillaje y peluquería?

LOCUTORA: ¿Que muchas de las telas de los vestidos y trajes en *El Rey León* son de origen africano y están pintadas a mano?

LOCUTOR: ¿Que hay más de doscientas esculturas, figuras animadas y máscaras en el espectáculo, para las que se necesitaron más de diecisiete mil horas en su diseño y construcción?

LOCUTORA: ¿Que la orquesta, compuesta por veintiún músicos, cuenta con cien instrumentos musicales diferentes?

LOCUTOR: ¿Que existen versiones de este musical en inglés, alemán, japonés, francés, coreano, holandés y español?

LOCUTORA: ¡Por todo esto, y muchas otras cosas, no puedes perderte este sorprendente y emocionante espectáculo!

Adaptación de *www.elreyleon.es*

53 Ejercicio 4

Maná

Los orígenes de Maná los encontramos en la ciudad mexicana de Guadalajara, cuando un grupo de adolescentes, con muchas ambiciones y un bongó, creó una banda llamada Sombrero Verde. Componían *rock* de raíz latina, en español.

Así fue como Fernando Olvera (cantante), los hermanos Calleros (guitarra y bajo), Álex González (batería) e Iván González (teclista), junto a Gustavo Orozco, realizaron sus primeras grabaciones con el nombre de Maná.

En 1990, con su álbum *Falta amor*, consiguieron un disco de oro en México. Con su disco *Cuando los ángeles lloran*, en 1995, lograron su primer éxito internacional.

Los problemas del medioambiente han sido siempre una de las preocupaciones de Maná. Ya habían tratado el problema ecológico del planeta en varios de sus temas cuando, en 1995, crearon la Fundación Selva Negra, desde donde han apoyado importantes proyectos a favor del medioambiente.

En 1999 colaboraron con Carlos Santana en su disco *Supernatural*, álbum que obtuvo el récord de nueve premios Grammy. Después, compartieron escenario en una gira por México y Estados Unidos.

En 2003 recibieron un nuevo Premio Grammy por su álbum *Revolución de amor*.

Después de cinco años sin lanzar ningún disco, sacaron su álbum *Amor es combatir* (2008), que es una fusión de *rock*, pop, música latina y *reggae*. La impresionante respuesta que tuvo la gira de presentación fue una experiencia sorprendente para la banda, que los animó a seguir creando juntos.

En 2015 la banda grabó su décimo primer cedé, *Cama incendiada*, con la colaboración de la cantante colombiana Shakira.

CULTURA

54 Ejercicio 2

A los jóvenes españoles les encanta la música... pero no tienen ningún interés en comprar cedés

Entre las actividades prioritarias de los jóvenes españoles se encuentra la de escuchar música, pero solo unos pocos –los fans de un determinado cantante o grupo– contemplan la necesidad de pagar el producto. «La gran mayoría descarga las canciones a través de la red (intercambio de archivos a través de ordenadores) y se reserva la paga de los padres para asistir a conciertos de sus artistas favoritos», aseguró el presidente de Promusicae, Antonio Guisasola, entidad que representa a gran parte de las discográficas españolas.

Muchos jóvenes no quieren tener más cedés en casa, ni siquiera piden a los amigos copias en cedés vírgenes. «Ocupan demasiado sitio», dicen. Prefieren pasarse los archivos directamente al ordenador y de ahí a un reproductor portátil (MP3, MP4, iPod…). Lo que está cada vez más extendido últimamente es el intercambio mediante los WhatsApp. Los jóvenes conversan en línea con decenas de amigos; en el transcurso de esas charlas, se intercambian ficheros musicales.

De esta forma, según las últimas estadísticas, los jóvenes españoles destinaron un total de sesenta horas y treinta y seis minutos el pasado mes de junio como media a navegar por internet, escribir correos y charlar con su círculo de amigos a través del chat o el WhatsApp, con el objetivo de intercambiar información, imágenes, música o vídeos de manera rápida y privada.

UNIDAD 7
¿Qué quieres ser?

VOCABULARIO

55 Ejercicio 1

1 arquitecto; **2** electricista; **3** cocinero; **4** veterinario; **5** escultor; **6** escritor; **7** dependiente; **8** fontanero; **9** albañil; **10** mecánico.

56 Ejercicio 4

Luisa

Yo quiero ser bailarina. A mis padres no les parece muy bien la idea, pero dicen que siempre me ayudarán. Quiero ir a la Escuela Superior de Danza de Madrid. Si no consigo plaza para estudiar ahí, intentaré trabajar en algo relacionado con la música o el baile. Después, en mi tiempo libre puedo practicar en alguna academia privada.

Fernando

Mi padre es mecánico y tiene un taller por eso quiere que trabaje con él en el futuro. Yo quiero mucho a mi padre, pero prefiero prepararme para otra profesión porque veo que siempre está agotado cuando llega a casa. Por otro lado, a mí lo que me gustan son los ordenadores, así que, seguramente, intentaré estudiar para ser informático.

Emilio

Mis padres dicen que tengo que estudiar mucho. Ellos quieren que sea abogado o médico, pero yo no estoy muy seguro. Tengo solo quince años, así que no tengo que decidirlo ahora. De momento solo pienso en acabar mis estudios de Secundaria y, además, lo que más me apetece es ser *disc-jockey*.

Paula

Mis abuelos viven en el campo y tienen una granja. Cuando voy a verlos, los ayudo a dar de comer a los animales. Yo siempre he querido trabajar con animales, por eso quiero ser veterinaria, pero tengo que estudiar mucho y sacar buenas notas en Bachillerato si quiero hacer esta carrera en la universidad. Si no lo consigo, estudiaré Biología.

COMUNICACIÓN

57 Ejercicio 3

ALICIA: Estamos en directo desde el Instituto Ricardo de la Cierva para entrevistar a algunos alumnos en su último año de Enseñanza Secundaria. Por favor, ¿podéis contestarme a unas preguntas?

ESTUDIANTES 1, 2 y 3: Sí, claro.

ALICIA: ¿Qué os gustaría ser cuando acabéis vuestros estudios?

ESTUDIANTE 1: Bueno, a mí me gustaría ser ingeniero aeronáutico.

ALICIA: ¿Por qué?

ESTUDIANTE 1: Porque me gustan mucho los aviones y, además, porque se gana mucho dinero.

ESTUDIANTE 2: A mí me gustaría ser profesora de Educación Física.

ESTUDIANTE 1: En esa profesión se gana muy poco dinero.

ESTUDIANTE 2: Para mí eso no es lo más importante. A mí me gusta mucho el deporte y, además, se tienen muchas vacaciones.

ESTUDIANTE 3: Pues a mí me gustaría ser guía de turismo porque se viaja por todo el mundo y se conoce a mucha gente.

COMUNICACIÓN Y VOCABULARIO

58 Ejercicio 4

Andrés, 16 años. Valencia

Llevo trabajando en una cafetería desde hace más de dos meses. Creía que no me iba a gustar, pero está siendo muy interesante. He aprendido a relacionarme con todo tipo de personas y ahora soy menos tímido que antes.

Por otra parte, creo que no me gustaría trabajar en este sector cuando sea mayor, pero algo estoy aprendiendo acerca de cómo llevar un negocio. Tal vez estudie Empresariales cuando vaya a la universidad.

Javier, 17 años. Santander

Trabajo como reponedor en un supermercado que está cerca de mi casa y puedo ir en bicicleta. Tengo que madrugar mucho.

No gano mucho dinero, pero puedo ahorrar para comprarme cosas. El mes pasado me compré un portátil. Me han ofrecido trabajar en vacaciones y eso significa más dinero para mis necesidades.

No tengo muy claro a qué quiero dedicarme más adelante. Me gusta mucho todo lo relacionado con el ordenador. Seguramente estudiaré para ser programador.

Sandra, 17 años. Segovia

Pertenezco a una ONG como voluntaria para ayudar a personas mayores que viven solas. Casi todos los días voy a visitar a algunos ancianos para hablar con ellos y ayudarlos en algunas tareas domésticas (hacerles la compra, limpiar la casa si es necesario…), pero lo más importante es escucharlos, es lo que realmente necesitan.

Algunos amigos me dicen que estoy loca por hacer un trabajo sin cobrar nada, pero a mí me gusta.

Cuando sea mayor, me gustaría estudiar para ser enfermera. No hay ningún trabajo más placentero que ayudar a los demás.

DESTREZAS

59 Ejercicio 1

Trabajando con dinosaurios

Los campos de trabajo de restauración de huellas de dinosaurios movilizan un año más a un centenar de estudiantes de España y el extranjero que, dirigidos por Félix Pérez Lorente, actuarán en los yacimientos de La Rioja y, este año, por primera vez, en Marruecos.

Organizados dentro del programa general de Cursos de Verano de la Universidad de La Rioja, los campos de trabajo tienen lugar desde hace más de veinte años. En ellos participan jóvenes universitarios y preuniversitarios. Este año se unirá a los trabajos un grupo de estudiantes marroquíes que harán la misma labor en los yacimientos del Atlas, en el norte de África, del 22 al 31 de agosto.

Los estudiantes saldrán hacia los yacimientos a las ocho de la mañana, donde realizarán trabajos de campo hasta las trece horas. Después de comer, recibirán clases teóricas desde las dieciséis a las dieciocho horas.

Los alumnos trabajan limpiando de tierra y plantas las huellas fosilizadas para poder estudiarlas y examinarlas. En las clases de la tarde los alumnos estudian los tipos de dinosaurios y sus huellas, y aprenden a analizar un rastro real.

En La Rioja se concentran los yacimientos de huellas de dinosaurio más importantes del mundo.

60 Ejercicio 2

ENTREVISTADORA: Hay distintas formas de organizar unas vacaciones diferentes. ¿Te apetecería conocer a 17 jóvenes exploradores, de seis países diferentes, que junto a ocho arqueólogos profesionales, buscan los restos de una civilización? Tenemos con nosotros a Eduardo García, director del campo de trabajo organizado por el gobierno vasco, que nos puede dar la información que tú necesitas. Eduardo, ¿dónde está vuestro campo de trabajo?

EDUARDO: Estamos a 12 kilómetros de Vitoria.

ENTREVISTADORA: ¿Y en qué estáis trabajando?

EDUARDO: Estamos haciendo las excavaciones de una antigua ciudad romana.

ENTREVISTADORA: ¿Y qué habéis encontrado hasta el momento?

EDUARDO: Bueno, pues ya hemos encontrado el teatro, muchas viviendas, las termas y varios templos de la antigua ciudad. Llevamos cuatro veranos trabajando en este proyecto y este año colaboran con nosotros 17 jóvenes de Alemania, Dinamarca, Francia, Italia y Reino Unido que, junto a los estudiantes españoles, trabajarán durante el mes de julio en las excavaciones de la muralla.

ENTREVISTADORA: Y además del trabajo de campo, ¿qué otras cosas encontrarán los jóvenes participantes?

EDUARDO: Pues además de ayudarnos en nuestras excavaciones, vivirán una gran experiencia de convivencia con nuevas amistades. Vamos a trabajar desde las 8 de la mañana hasta la hora de la comida y por las tardes haremos talleres y juegos. También organizaremos excursiones. Así que ya sabes, si quieres pasar unas vacaciones diferentes, ven a nuestro campo de trabajo.

61 Ejercicio 4

Madrid, 21 de mayo

Muy señores míos:

Me dirijo a ustedes con la intención de solicitar información sobre los cursos de diseño que se pueden realizar en su escuela.

Soy una estudiante de Secundaria y estoy pensando en la posibilidad de ampliar mis estudios en el área del Diseño Gráfico. Estaría muy interesada en conocer todas las posibilidades de su oferta, así como los precios de los cursos que imparten.

También me gustaría informarme de las posibilidades de financiación para las tasas académicas.

Yo podría acudir a su centro para entrevistarme con ustedes por las tardes o los sábados por la mañana.

A la espera de recibir sus noticias, se despide atentamente,

Ana Altamirano

CULTURA

62 Ejercicio 1

Trabajos raros

Hace pocas semanas abrimos nuestro blog sugiriendo a nuestros lectores que nos dijeran si conocían algún trabajo raro, y toda una serie de trabajos inusuales fueron apareciendo, de la mano de los usuarios del portal que nos enviaron sus curiosos aportes:

1. Inspectores de papas fritas. Supervisan estos productos en la línea de montaje y revisan que no haya papas demasiado cocinadas o separan aquellas que hay que desechar.
2. Modelos de pies. Trabajan como «modelos de partes», prestando sus pies para anuncios publicitarios de calzados, lociones y otros productos relacionados.
3. Buzos de pelotas de golf. Buscan en las profundidades de los depósitos de agua en los campos de golf las pelotas que se han perdido para recomponerlas y revenderlas.
4. Médicos de muñecas. Reparan, vuelven a pintar y rearman las partes de las muñecas que se han perdido, roto o dañado.
5. Investigadores de nieve. Recolectan y analizan cristales de hielo en la nieve para estudiar los efectos de la contaminación en una zona nevada.
6. Catadores de alimentos de perros. Prueban y analizan muestras de alimentos caninos y escriben evaluaciones sobre los resultados.

7 Limpiadores de chicles. Despegan los chicles pegados en las aceras y otras áreas usando un procedimiento con vapor.

8 Limpiadores de excrementos. En Barcelona, hay una cuadrilla del Ayuntamiento que se dedica a pasearse por la ciudad en *scooters*, armados con una especie de aspiradora, y tienen como único objetivo la recogida de excrementos animales de las aceras. Esta cuadrilla pertenece a la división «BCNeta!», que significa «Barcelona limpia».

Si conocés algún trabajo raro o poco usual y querés compartirlo con nosotros, te invitamos a escribirnos a prensa@montevideo.com.uy.

UNIDAD 8
¡Vacaciones de verano!
VOCABULARIO

63 Ejercicio 1

1 arena; **2** crema solar; **3** maleta; **4** toalla; **5** gafas de sol; **6** bañador; **7** cámara; **8** sombrilla; **9** playa; **10** pilas; **11** linterna; **12** repelente de insectos; **13** brújula; **14** mochila; **15** tienda de campaña; **16** saco de dormir; **17** bosque; **18** montaña.

64 Ejercicio 4

Campamentos de verano

A Campamentos deportivos

Si te gustan los deportes y tienes entre 12 y 16 años, apúntate este verano a los Nike Camps de fútbol o baloncesto para jóvenes. Se organizan por semanas en Valencia y Barcelona durante los meses de junio y julio. Asistirán estrellas de ambos deportes con las que compartirás entrenamientos y un montón de actividades. Una de las estrellas del fútbol que estuvieron con nosotros el año pasado fue Sergio Ramos. Los participantes también disfrutaron mucho aprendiendo con las clases que impartieron algunos de los profesionales del baloncesto, como Pau Gasol.

No necesitas ningún equipamiento especial. Nosotros nos encargamos de todo. Solo tráete la toalla y el bañador, porque por las tardes iremos a la playa. ¡Y no te olvides de la crema solar!

B Campamentos multiaventuras

Si eres un amante de la naturaleza, apúntate al campamento Quirós.

El Valle de Quirós se encuentra situado al sur de la zona central del Principado de Asturias, destino preferente para los amantes de la naturaleza y de los deportes al aire libre. Los jóvenes de entre 12 y 16 años disfrutarán durante diez días, del 21 al 30 de julio, en el albergue Rural de Arrojo, de diferentes actividades de iniciación, como rutas en bicicleta de montaña por la Senda del Oso, natación, senderismo, escalada, descenso del Sella en canoa o descenso de barrancos, además de excursiones a los museos Etnográfico y Casa del Oso, y una amplia oferta de talleres.

Solo necesitarás tu saco de dormir y una linterna para los juegos nocturnos, el resto lo ponemos nosotros.

COMUNICACIÓN

65 Ejercicio 2

NOELIA: ¿Dónde quieres que vayamos de vacaciones este verano?

SARA: A mí me gustaría ir a una playa en España.

NOELIA: Yo también quiero ir a España, pero prefiero visitar Madrid y sus alrededores: Toledo, Segovia, Ávila...

SARA: Pero hace mucho calor en verano. ¿Por qué no quieres ir a la playa?

NOELIA: En la playa hay demasiada gente. Además, prefiero hacer un viaje más cultural.

SARA: Pues a mí no me apetece nada.

NOELIA: ¿No te gustaría dormir en un castillo junto a un río?

SARA: Bueno... Eso me parece mejor. ¡Nunca he dormido en un castillo!

COMUNICACIÓN Y VOCABULARIO

66 Ejercicio 3

ENTREVISTADOR: ¿Estáis pensando en planificar un gran viaje? Bien, pues, hoy tenemos en nuestro estudio a Luis y Amaya que acaban de regresar de su viaje alrededor del mundo y nos van a dar algunos consejos. ¿Por dónde empezamos?

AMAYA: Primero hay que tener claro qué se quiere visitar y cómo se puede llegar a cada lugar. Un buen día miras un mapamundi gigante y te das cuenta de que en el mundo hay muchos más países de los que imaginabas.

ENTREVISTADOR: Y una vez que decides qué países quieres recorrer, ¿cuál es el siguiente paso?

LUIS: Te tienes que comprar unas estupendas guías de viaje. La información que puedes encontrar es muy detallada y son de una gran ayuda para planificar y para presupuestar.

AMAYA: Con la ayuda de las imágenes en internet también te puedes hacer una idea de cómo son ciertos lugares y decidir si los eliminas o los añades a la ruta del viaje.

LUIS: Y también tienes que valorar las experiencias de amigos viajeros que ya han visitado los mismos lugares.

ENTREVISTADOR: ¿Cómo decidimos qué medios de transporte vamos a utilizar?

AMAYA: Hay que investigar en las páginas web de las distintas líneas aéreas, compañías de barco, ferrocarril y autobuses, y descubrir, por ejemplo, que no hay ningún avión que despegue de la Isla de Pascua para aterrizar en Nueva Zelanda. Conclusión: no vamos a Isla de Pascua.

ENTREVISTADOR: ¿Y cómo planificasteis finalmente los distintos vuelos?

LUIS: Existían dos opciones para comprar los billetes de avión. La primera, era hacerlo día a día, con la ventaja de no estar obligado a una fecha para irte de un lugar, y poder esperar a encontrar una oferta más barata. Y la segunda posibilidad era comprar un billete de vuelta al mundo.

AMAYA: En nuestro caso nos decidimos por la segunda, con veinte vuelos en total, y fuimos a la agencia para reservar los billetes.

LUIS: Con esto y algún detalle más la programación ya está lista: primero los billetes, luego las vacunas y el seguro médico, y por último los contactos para alojarnos y alquilar los coches...

ENTREVISTADOR: Bueno, chicos, muchas gracias por vuestros consejos. Esperamos que sean de gran utilidad para nuestros oyentes.

Extraído de *www.nuestravueltaalmundo.com*

DESTREZAS

67 Ejercicio 2

Las Fallas de Valencia

Es una fiesta tradicional de la ciudad de Valencia. Actualmente, esta festividad se ha convertido en un atractivo turístico muy importante. Se celebra del 14 al 19 de marzo, en honor a San José, patrón de los carpinteros.

Sus orígenes son realmente sencillos, una simple quema de desperdicios de los talleres de carpintería. Pero en la actualidad se ha convertido en una de las fiestas populares más importantes de España, en la que se queman cientos de fallas construidas a lo largo de todo el año.

Las fallas están formadas por una figura central de varios metros de altura rodeada de numerosas figuras de cartón o madera que además llevan un cartel que explica el significado de cada composición, siempre con sentido crítico y satírico.

Desde el 14 de marzo hasta el 19 de marzo los días y noches en Valencia son una fiesta continua. Pero ya desde el 1 de marzo se hacen *mascletás*, espectáculos de petardos y fuegos artificiales que tienen lugar en la Plaza del Ayuntamiento, en el centro de la ciudad, a las 14.00 horas.

En esta fiesta se unen el fuego, la música, la pólvora y la calle.

68 Ejercicios 3 y 4

DANIEL: Victoria, ¿has estado alguna vez en las Fallas de Valencia?

VICTORIA: Sí, fui el año pasado.

DANIEL: ¿Ah, sí? ¿Y cómo son? ¿Qué hace la gente?

VICTORIA: Bueno, pues, por la noche la gente sale a la calle, comen comida tradicional valenciana y escuchan música. Hay muchísima gente. Y después queman unas grandes esculturas en las calles.

DANIEL: ¿Esculturas?

VICTORIA: Sí. Las hacen de cartón y madera y algunas tienen hasta 20 metros de alto.

DANIEL: ¿No es peligroso que quemen las esculturas con la gente alrededor?

VICTORIA: No, la verdad es que no, porque hay más de quinientos bomberos cuidando de que el fuego no queme a nadie.

DANIEL: ¿Y qué pasa después?

VICTORIA: A medianoche hay fuegos artificiales. Hacen muchísimo ruido, pero todo el mundo se divierte mucho.

DANIEL: ¿De verdad? ¡Parece fantástico! ¡Intentaré ir el próximo año!

69 Ejercicio 6

Hola, David:

Después de un viaje muy largo por fin estoy en Salamanca haciendo el curso de español.

Cuando llegué estaba un poco nervioso porque aquí todo es muy diferente. Al principio me sentía bastante solo porque no conocía a nadie. Ahora ya tengo algunos amigos españoles, que son tremendamente simpáticos y ya puedo decir que mi vida social es realmente buena.

Estaba preocupado por el dinero, porque aquí todo es exageradamente caro para mi presupuesto, sobre todo los bares y los restaurantes. No fue fácil buscar alojamiento, pero después de unos días encontré un albergue juvenil que está fenomenal. Es muy tranquilo, está bien situado y, lo mejor de todo… ¡es bastante barato!

Estoy muy contento de estar aquí. Ya te contaré más cosas. Escríbeme pronto.

Samuel

CULTURA

70 Ejercicio 1

Comienza la temporada del Tren de la Fresa

Desde hace 25 años, este ferrocarril histórico realiza un recorrido turístico Madrid-Aranjuez en el que se combinan la cultura y el ocio.

Este recorrido se podrá realizar los sábados y domingos, desde el 3 de mayo hasta el 13 de julio. Los viajes incluyen un paseo panorámico por Aranjuez y visitas al Palacio Real (guiada) y al Museo de Falúas.

Una locomotora de vapor histórica de mediados del siglo XX y cuatro vagones construidos entre 1914 y 1930 forman el Tren de la Fresa. Los vagones se han renovado para este año, tras un proceso de restauración.

La línea Madrid-Aranjuez se inauguró el 9 de febrero de 1851 en medio de una gran expectación y bajo la presidencia de la reina Isabel II. Madrid era entonces una ciudad de unos 200 000 habitantes y en la estación de Atocha una multitud celebró la inauguración de la nueva línea de tren.

Hoy el recorrido se ha transformado en un atractivo viaje a la ciudad de Aranjuez, donde se cultivan unos fresones riquísimos. Cuando comienza su temporada en mayo, empieza a funcionar este tren antiguo con el que se puede llegar a esta hermosa ciudad donde podemos encontrar arquitectura, arte, paisaje, cultura y gastronomía. La excursión en el Tren de la Fresa es una propuesta cultural y de ocio que ofrece a toda la familia una forma diferente y amena de pasar el fin de semana.

UNIDAD 9
Hecho en España

VOCABULARIO

71 Ejercicio 1

1 Un joven gallego, Alejandro Finisterre, a los 17 años y con la ayuda de un carpintero vasco, creó un futbolín con jugadores de madera y una pelota de corcho para ayudar a los niños enfermos que no podían jugar al balón.

2 En 1959, Enric Bernat lanzó al mercado una nueva golosina con un palo, con una frase publicitaria que decía: «Chupa un caramelo, chupa, chupa, chupa Chups», y de ahí su nombre: Chupachups. Logró venderlo por todo el mundo. Y hasta este momento se han vendido más de 25 000 millones de unidades.

3 Es fácil encontrar en muchos restaurantes de todo el mundo este plato típico español. Lo más difícil es que sepa a auténtica paella. Su origen es la región de Valencia, donde hay mariscos y ricas verduras y donde se cultiva el arroz.

4 Es la marca de Turespaña, la agencia de turismo española, diseñada por el pintor Joan Miró poco antes de morir. Un sol que lleva los colores de la bandera española, el rojo y el amarillo. Esta imagen moderna de España se usa desde 1984.

5 Es sin duda uno de los mejores inventos españoles y ya ha cumplido medio siglo. Se lo debemos a Manuel Jalón, que con la fregona enamoró a la sociedad española y también a los turistas, que después de visitar España se la llevaban en el coche o en el avión. Este invento «levantó a la mujer del suelo».

6 El botijo está hecho de arcilla y se utiliza para bajar la temperatura de su contenido. Puede llegar a disminuir hasta 10 grados la temperatura del agua. Es como una nevera rural.

7 Instrumentos musicales de cuerda ha habido muchos a lo largo de la historia, pero la guitarra española está considerada como uno de los más importantes. Grandes maestros de este instrumento, como Andrés Segovia o Paco de Lucía, son reconocidos mundialmente.

8 Cuando veas un helicóptero, piensa que es casi un invento español. En 1923, Juan de la Cierva construyó su primer autogiro. Su muerte temprana le impidió ser reconocido como el inventor del helicóptero.

9 España es uno de los principales fabricantes de zapatos del mundo. En 1975, Antonio Fluxá fundó la fábrica de zapatos Camper, realizando un diseño propio. Hoy esta empresa tiene más de 50 tiendas por todo el mundo.

10 Aunque el Seat 600 no fue un diseño español, sino italiano, fue el primer coche fabricado masivamente en España. Se fabricó en Barcelona desde 1957 hasta 1973. Se hicieron 800 000 unidades y aún circulan por España unas 10 000.

COMUNICACIÓN

72 Ejercicio 3

DANIEL: ¿Qué quieres hacer cuando termines tus estudios en el instituto?

PEDRO: Todavía no lo tengo muy claro, pero me gustaría hacer Bellas Artes.

JAVIER: ¿Bellas Artes? ¿Y eso?

PEDRO: Porque desde pequeño me gusta mucho el dibujo. Siempre me ha gustado hacer cómics y he ido mucho con mis padres a ver exposiciones.

DANIEL: Pues a mí me gustaría dedicarme a la música.

PEDRO: ¿Pero te gusta algún instrumento en particular?

DANIEL: Desde pequeño estoy estudiando piano en el Conservatorio, pero a mí lo que me gustaría es ser director de orquesta.

JAVIER: ¡Madre mía! Vais a ser unos auténticos artistas. Yo me conformo con los grafitis que hago por mi barrio.

DESTREZAS

73 Ejercicio 2

ENTREVISTADOR: Hoy está con nosotros Inés, la bibliotecaria del Instituto Azahar de Fuenlabrada. Buenas tardes, Inés. Estamos realizando una encuesta para ver el interés de los alumnos del instituto por los cómics. ¿Crees que los niños de hoy leen tanto como sus padres?

INÉS: Por desgracia, no es así. Y me produce tristeza porque los niños prefieren jugar a los videojuegos. Los niños están perdiendo el hábito de la lectura y no se sabe qué pasará con la literatura en general dentro de unos años.

ENTREVISTADOR: ¿Los alumnos tampoco leen cómics?

INÉS: Bueno, con el cómic es diferente… Al niño le resulta más fácil leer las frases acompañadas de ilustraciones.

ENTREVISTADOR: ¿Cuáles son los cómics más solicitados en esta biblioteca?

INÉS: Los más leídos son los de *Mortadelo y Filemón*, de Ibáñez, sobre todo desde que los han llevado al cine. En esta biblioteca tenemos los títulos antiguos, pero también los más modernos que ha escrito últimamente.

ENTREVISTADOR: ¿Pero Ibáñez sigue escribiendo cómics? ¿No se ha jubilado?

INÉS: El otro día le oí decir en un programa de radio que no se jubilará hasta que la imaginación no le falle.

ENTREVISTADOR: ¿Sabes si su obra se ha publicado en otros países?

INÉS: Sí, sí. Creo que también ha vendido millones de ejemplares en Alemania.

ENTREVISTADOR: Verdaderamente es el escritor de cómics más importante de España.

INÉS: Ya lo creo. Y, además, lo más curioso es que para crear sus historietas no utiliza el ordenador. Las sigue haciendo con su vieja máquina de escribir y sus manos. ¡Un trabajo totalmente artesanal!

ENTREVISTADOR: Bueno, Inés, pues muchas gracias, por dedicarnos tu tiempo.

74 Ejercicio 4

El videojuego de *Mortadelo y Filemón. Misión: salvar la Tierra* ya en tu móvil.

Zeta Digital e Interation Mobile presentan el primer videojuego para móvil de *«Mortadelo y Filemón. Misión: salvar la Tierra»*.

Coincidiendo con el 50 aniversario del cómic y el estreno de la película más esperada del año, *Mortadelo y Filemón. Misión: Salvar la Tierra,* Zeta Digital o Interation Mobile lanzan el primer videojuego oficial de la película para móvil.

Los jugadores deberán ponerse en la piel de los agentes más intrépidos de la TIA, para lograr salvar a la Tierra de su total aniquilación.

La misión: recuperar las piezas del invento más revolucionario del profesor Bacterio, realizando viajes en el tiempo y superando ingeniosas pruebas de habilidad.

Una divertida combinación de aventura y arcade que hacen de este juego uno de los títulos más originales y entretenidos para tu móvil.

CULTURA

75 Ejercicio 1

Inventos de América Latina

Aunque la mayoría de inventos famosos no tuvieron lugar en América Latina, sino en Europa, Asia y Estados Unidos, hay un grupo de inventores latinoamericanos que fueron noticia por sus creaciones. ¡Conócelos aquí!

- László Bíró, conocido en la Argentina como Ladislao José Biro, fue un inventor y periodista húngaro nacionalizado argentino, que realizó un total de treinta y dos inventos, entre ellos el bolígrafo, que le dio fama internacional. Entre sus inventos se encuentran un modelo de pluma estilográfica y una máquina para lavar la ropa que, según la anécdota, construyó para su esposa.
- Jacinto Convit fue un médico y científico venezolano, conocido por desarrollar la vacuna contra la lepra. Recibió el Premio Príncipe de Asturias de Investigación Científica y Técnica de 1987 y fue nominado al Premio Nobel de Medicina en 1988. Murió a los 100 años de edad.
- Guillermo González Camarena fue un ingeniero mexicano, que inventó en 1940 un sistema para transmitir televisión en color. El 31 de agosto de 1946, González Camarena envió la primera transmisión en color desde su laboratorio en la Ciudad de México.
- Pedro Paulet nació en Arequipa (Perú) en 1874. Este ingeniero peruano fue la primera persona que en 1895 construyó un motor de propulsión a combustible líquido para un cohete, y es considerado uno de los «padres de la aeronáutica».
- Hércules Florence fue un inventor y fotógrafo franco-brasileño, nacido en Francia y afincado desde joven en Brasil. Es considerado uno de los padres de la fotografía por inventar en el año 1833 un procedimiento para la captación de imágenes con la cámara oscura y la utilización del papel como soporte.

Primera edición, 2016

Produce: SGEL – Educación
Avda. Valdelaparra, 29
28108 Alcobendas (Madrid)

Dirección editorial: Javier Lahuerta
Coordinación editorial: Jaime Corpas
Edición: Yolanda Prieto
Corrección: TXT Servicios editoriales

Diseño de cubierta: Ignacio Rodero Sardinero
Fotografía de cubierta: Diego Lezama
Diseño de interior y maquetación: Verónica Sosa

Ilustraciones: ÁNGELES PEINADOR: pág. 12 (ej. 2), pág. 13 (ej. 5), pág. 14 (gramática), pág. 17 (ej. 3), pág. 24 (ej. 1), pág. 27 (gramática), pág. 28 (ej. 8), pág. 38 (gramática), pág. 39 (gramática), pág. 50 (gramática), pág. 51 (ej. 5), pág. 52 (ej. 11), pág. 62 (gramática), pág. 74 (gramática), pág. 76 (gramática), pág. 86 (gramática), pág. 88 (gramática), pág. 96 (ej. 1), pág. 98 (gramática), pág. 100 (gramática), pág. 110 (gramática), pág. 111 (gramática), pág. 112 (gramática). SHUTTERSTOCK: pág. 15 (ej. 4 mapa), pág. 66 (ej. 3 iconos), pág. 89 (ej. 1), pág. 102 (ejs. 1 y 3), pág. 114 (ej. 1 imagen 6), pág. 117 (ej. 1 imágenes de televisión y vacuna), págs. 124-125 (fondo de página).

Fotografías: CORBIS IMAGES: pág. 21 (ej. 1 foto Nicanor Parra); pág. 33 (ej. 1 foto Antoni Gaudí). CORDON PRESS: pág. 63 (ej. 3 foto Nacho Cano); pág. 73 (ej. 4 fotos 3, 4, 5 y 6 y ej. 5 foto Mayumana); pág. 79 (ej. 1 foto representación *El Rey León*); pág. 80 (ej. 4 foto Maná); pág. 105 (ej. 1 fotos del Tren de la Fresa); pág. 111 (ej. 5). SHUTTERSTOCK: Resto de fotografías, de las cuales, solo para uso de contenido editorial: pág. 10 ej. 2 foto Tokio Hotel (Dooley Productions / Shutterstock.com); pág. 15 foto playa (leonardo2011 / Shutterstock.com); pág. 25 ej. 5 fotos 1 (Philip Lange / Shutterstock.com), 2 (i Rodriguez / Shutterstock.com) y 3 (nacroba / Shutterstock.com); pág. 27 ej.4 (pavel dudek / Shutterstock.com); pág. 30 ej. 1 foto g (rubiphoto / Shutterstock.com); pág. 31 ej. 1 foto 4 (David Herraez Calzada / Shutterstock.com); pág. 32 ej. 4 fotos de la Sagrada Familia interior (Dmitro2009 / Shutterstock.com) y exterior (135pixels / Shutterstock.com); pág. 33 ej. 1 fotos La Pedrera (Krzysztof Slusarczyk / Shutterstock.com), Casa Vicens (Valery Egorov / Shutterstock.com) y Casa Batlló (Luciano Mortula / Shutterstock.com); pág. 54 fotos 1 (Sorbis / Shutterstock.com), 6 (Lipskiy / Shutterstock.com), 7 (Sorbis / Shutterstock.com), 8 (Rob Wilson / Shutterstock.com) y 10 (Lipskiy / Shutterstock.com); pág. 57 ej. 2 foto la Feria de Abril de Sevilla (Silvia B. Jakiello / Shutterstock.com); pág. 59 (Thinglass / Shutterstock.com); pág. 60 ej. 1 fotos 9 (marekusz / Shutterstock.com) y 10 (Niloo / Shutterstock.com); pág. 67 ej. 1 (ChameleonsEye / Shutterstock.com); pág. 68 ej. 4 (Featureflash / Shutterstock.com); pág. 73 ej. 4 foto 1 (JStone / Shutterstock); pág. 91 ej. 1 foto esqueleto dinosaurio (Jaroslav Moravcik / Shutterstock.com); pág. 109 ej. 1 foto 10 (FCG / Shutterstock.com); pág. 114 ej. 1 foto 1 (Yiorgos GR / Shutterstock.com).

Para cumplir con la función educativa del libro se han empleado algunas imágenes procedentes de internet.

Audio: Cargo Music

ISBN: 978-84-9778-911-0

Depósito legal: M-26783-2016
Printed in Spain – Impreso en España
Impresión: Gómez Aparicio Grupo Gráfico